무인양품으로 시작하는
미니멀 라이프

MUJIRUSHI RYOHIN TO HAJIMERU MINIMALIST SEIKATSU
ⓒ2016 Seiko Yamaguchi
First published in Japan in 2016 by KADOKAWA CORPORATION, Tokyo.
Korean translation rights arranged with KADOKAWA CORPORATION, Tokyo
through Eric Yang Agency Inc, Seoul.

이 책의 한국어판 저작권은 에릭양 에이전시를 통한 저작권사와의 독점 계약으로 터닝포인트에 있습니다.
저작권법에 의해 한국 내에서 보호를 받는 저작물이므로 무단 전재와 무단 복제를 금합니다.

無印良品으로 시작하는
무 인 양 품
미니멀 라이프

야마구치 세이코 지음

터닝
포인트

나는 인테리어에 관심이 많았다.
그래서 오랫동안 화려하고 귀여운 가구며
잡화를 좋아하는 줄 알았다.

북유럽 가구, 내추럴하고 아기자기한 잡화……
잡지에 나오는 집에 반해
하나둘 물건을 사 모으다 보니
'어? 내 취향이 뭐였더라?' 하고 혼란에 빠졌다.

어느덧 정신을 차려 보니 우리 집은
나의 인생과 똑같은 모습이 되어 있었다.

회사, 집안일, 육아……
모두 잘해야지 다짐하며 이리 뛰고 저리 뛰는 동안
'이걸 해냈다!'고 자부할 수 있는 일이
아무것도 없다는 사실을 깨달았다.

전근하는 남편을 따라 이사를 갈 때마다
물건을 버리고 또 버렸다.
아끼는 가구를 버릴 때면
내 살을 도려내는 심정이었지만
그렇게 버리다 보니
조금씩 소중한 게 무엇인지 보이기 시작했다.

다양한 일들을 한 번에 하기보다
좋아하는 일 하나를 하는 게
내 적성에 맞는지도 모르겠다.

그런 생각이 들 무렵에
'미니멀리스트'라는 단어와 만났다.

물건을 버리고 또 버리다 보니……
어느 샌가 집에는 '무인양품'의 가구들만 남았다.

아, 이 사람이 운명의 상대였구나!
오랫동안 곁을 지켜준 '친구'의 소중함을
깨달은 순간이었다.

'무인양품'의 가구, 잡화와 함께
미니멀 라이프를 시작한 지 3년.
가족과의 관계가 서서히 변하기 시작했다.
'엄마가 정리 좀 하라고 했지!'
잔소리를 하며 아이들을 혼내던 때에는
미처 깨닫지 못했던 행복.

바닥을 비추는 빛. 바람에 나부끼는 새하얀 빨래.
딸아이와 보내는 아침 시간. 빳빳한 감촉의 하얀 셔츠.

일상생활의 아름다움, 간소한 삶의 행복을
미니멀 라이프에서 배웠다.

시작하며

'간소하게 살고 싶어!' 그런 생각을 하게 된 건 2012년 즈음이었다. 당시에는 아직 생소했던 '미니멀리스트(최소주의)'라는 단어를 알게 되었고, 때마침 '적은 물건으로 깔끔하게 산다'라는 블로그를 시작한 시기였다.
그 무렵까지 나는 내가 화려한 컬러와 디자인이 훌륭한 물건을 좋아한다고 믿었다. 잡지에 실릴 법한 인테리어와 라이프 스타일을 동경하며 안간힘을 다해 흉내를 내던 시절이었다. 하지만 방을 치우다 보니 점점 그 생각이 착각이었다는 것을 깨달았다.
'이건 버려야지.' '이건 남겨둬야지.' 이사를 하며 물건을 선별하는 동안 나는 간소하고 군더더기가 적으며, 세월이 흘러도 변함없이 쓸 수 있는 물건을 좋아한다는 사실을 차츰 알게 됐다.

연애에 비유하자면 디자인이 뛰어난 잡화나 가구는 함께 있으면 가슴 뛰는 상대. 그래서 그 자극에 푹 빠지게 되지만, 한편으로는 '어디까지 따라가야 만족할까?' 하는 의문이 들기도 한다.

오랜 시간을 함께 생활하는 동안 조금 무리하는 나, 피곤에 찌든 자신의 모습을 알아챘을 때, 조용히 곁에 있어준 것이 바로 '무인양품'이었다.

'만족을 알다'라는 말이 있다. 나는 무인양품의 '단순한 기능에 특화된 기능성', '최저한의 군더더기 없는 디자인'에서 그 말의 참뜻을 배운 것 같다.

현재 30대 후반의 우리 세대는 물건을 지나치게 많이 소유하고 소비하는 것을 하나의 스테이터스로 삼고 살아왔다. 하지만 '물건을 소유하는 것 말고도 삶을 풍요롭게 만드는 방법이 있다!'는 사실을 깨닫기 시작했다.

이 책이 그러한 삶을 위해 조그마한 힌트라도 되어준다면 더 바랄 나위가 없을 듯하다.

미니멀리스트 야마구치 세이코

차례

시작하며 · 010

Chapter 1
'무인양품'으로 시작한 미니멀 라이프

잦은 전근을 계기로 시작한 미니멀 라이프 · 016
미니멀 라이프로 가족 간의 다툼이 줄다 · 018
버리고 또 버리고…… 마지막까지 남은 것은 '무인양품' · 020
'가족이 있는 미니멀리스트'의 든든한 아군, '무인양품' · 024
미니멀리스트는 독재자가 아니다. '간섭하지 않는 것'이 중요 · 026
충동적인 '두근거림'보다 일상의 소소한 '행복' · 028
미니멀 라이프는 선반 하나에서 시작 · 030

Chapter 2
지금 있는 '무인양품'과 함께하는 미니멀 인테리어

미니멀 인테리어는 '컬러 수'가 포인트 · 036
거실 · 038
주방 · 042
안방 · 046
'아무것도 없는' 방 · 048
아이 방 · 052
세탁실 & 화장실 · 054
현관 · 058

Chapter 3
'무인양품'을 100퍼센트 활용한 미니멀 수납법

미니멀 수납이란? '깔끔하게 정리하는 것'이 아니다 · 064
RULE 1 40퍼센트의 여백을 확보한다 · 066
RULE 2 오픈 & 클로즈 · 068
RULE 3 수납이 늘면 물건도 늘어난다 · 070
RULE 4 수납의 밖은 '베이지', 안은 '화이트' · 072
RULE 5 쓰지 않을 때는 수납한다 · 074
RULE 6 물건을 버리기 전에 '생각'한다 · 076
RULE 7 들쑥날쑥은 사절 · 078

Chapter 4 '무인양품'으로 돌려 입는 미니멀 옷장

'유니폼 코디'로 나만의 스타일을 연출하다 · 086
미니멀리스트라면 놓칠 수 없는 '무인양품' 베스트웨어 5 · 088
스타일을 한층 더 살려주는 아이템 · 092
철저 해부, '적은 아이템으로 돌려 입기' · 094
아이들도 '적은 아이템으로 돌려 입기' · 099
미니멀리스트의 옷장 수납법 · 100
물건은 잘 관리해 오래도록 쓴다 · 102

Chapter 5 왜 '이 물건'을 골랐을까? 미니멀리스트의 물건 선택법

물건을 좋아하는 미니멀리스트의 최소한의 물건 선택법 · 108
물건 선택법 1 시선을 사로잡는 디자인의 물건을 구입하라 · 110
물건 선택법 2 가격에 구애받지 않는다 · 112
물건 선택법 3 목적 있는 소비 · 113
물건 선택법 4 반복해 관리한다 · 114
물건 선택법 5 기능도 미니멀 · 115
미니멀리스트가 꼼꼼하게 고른 '무인양품' 인생 아이템 베스트 10 · 116
우리 집 '무인양품' 대공개! · 118

마치며 · 126

Column

책을 좋아하는 미니멀리스트의 책장 없는 생활 · 032
간소하지만 꼼꼼한 스킨케어 & 메이크업 · 060
미니멀리스트의 가방과 지갑 · 080
뚝딱 맛있게 만드는 미니멀 식탁 · 104
문의 폭주! 오래 쓰고 싶은 물건 · 122

Chapter **1**

'무인양품'으로 시작한 미니멀 라이프

미니멀 라이프는 자신에게 엄격한 사람만 할 수 있다?
혼자 사는 사람만 할 수 있다? 대답은 'No'.
미니멀리스트는 가족, 아이가 있는 사람에게
추천하고 싶은 라이프 스타일이다.
단번에 바꾸려 하지 말고
본인의 페이스로 서서히 실천해보자.
가까이 있는 '무인양품'이 든든한 아군이 되어줄 것이다.

○

'잦은 전근'을 계기로
시작한 미니멀 라이프

나는 흔히들 말하는 '쓰레기방 출신'의 미니멀리스트는 아니다. 예전에는 《Come home!》이라는 잡지를 즐겨 읽으며 이른바 내추럴 컨트리 스타일의 잡화에 빠졌던 적도 있고, '북유럽 가구'에 홀딱 반해 패브릭 액자를 방 안 가득히 장식했던 적도 있다. 하지만 스스로를 '물건이 많은 사람', '더러운 집에 사는 사람'이라고 생각한 적은 거의 없었다.

그런 내가 간소한 삶에 처음으로 눈을 뜨게 된 건 결혼 10주년이 되던 해, 남편의 전근으로 이사를 가게 되면서부터였다. 당시 아이들은 둘 다 초등학생이었던 터라 '짐이 얼마나 되겠어. 금방 끝나겠지' 하고 우습게 생각했다. 하지만 아무리 치우고 또 치워도 끝이 없었다……. 좋아하는 잡화와 함께 생활한 줄 알았는데 선반 안쪽에서는 쓸데없는 물건들이 계속해서 쏟아져 나왔다. 심플 라이프를 실천하는 줄로만 알았던 나는 그저 경악할 따름이었다.

결혼하고 나서 지금까지 대략 3년마다 한 번씩, 다섯 번 이사를 했는데, 그때마다 '어? 언제 또 물건이 이렇게 쌓였지?' 하고 놀람의 연속이었다. 결국 내 살을 도려내는 심정으로 물건의 절반쯤을 처분하는 실패를 거듭했다.

지금 사는 집으로 이사 온 3년 전, '다음번 이사 때도 또 이런 짓을 반복하긴 싫어'라고 진심으로 생각했고, 최소한의 물건으로 살아가는 '미니멀리스트'로 거듭나자고 결심했다. 필요한 물건만 있는 생활을 꿈꾸게 되었다.

우리 집 평면도
4인 가족이 사는 월세 아파트(3LDK)

남편(39세), 나(38세), 아들(중1), 딸(초5)의 4인 가족. 지금 사는 아파트로 이사 온 지는 약 3년이 되었다. 방 세 개에 65제곱미터(약 20평)로 그다지 넓지 않고 수납공간도 적다. 그렇기 때문에 반강제적으로 '물건을 소유하지 않는 생활'로 이행할 수밖에 없었다.

미니멀 라이프로 가족 간의 다툼이 줄다

온 가족이 미니멀 라이프를 실천한 결과, 다양한 이점이 생겼다. 크게 나누면 대략 다섯 가지를 들 수 있다.

1. '가족 간의 다툼'이 준다
아이들을 혼내는 건 거의 아이들이 '물건을 가지고 싸우거나' '방 배치를 놓고 실랑이'를 벌일 때였다. 물건을 줄이니 '이건 내 거야!' 하고 투닥투닥 다투는 일이 줄었다.

2. '지출'이 준다
집을 비우자 자연스레 물욕도 사라졌다.

3. '집안일을 하는 수고'가 준다
물건에는 먼지가 쌓이기 마련. 바닥에 물건이 있으면 청소기를 돌릴 때마다 일일이 다른 곳으로 치워야 한다. 물건을 줄이니 청소가 편해지면서 심리적 부담이 줄었다.

4. '고민'이 준다
물건을 버리는 과정을 반복하면 '최우선 사항'을 터득하게 된다. 이를테면 아침에 옷을 고를 때 하얀 셔츠뿐이라 고민할 일이 없다.

5. '자유시간'이 는다
고민이 사라지니 자유시간이 늘어나고 그 시간을 오롯이 자신을 위해 쓸 수 있다. 지금까지는 인간관계에서 '여러 곳에 얼굴을 비쳐야지' 하는 생각에 모든 모임에 참석했지만, 최근에는 '여긴 안 가도 되겠지', '30분만 얼굴을 비치고 오자'라는 결단을 내리게 되었다.

미니멀 라이프, 이래서 좋다!

1 – **가족 간의 다툼이 준다**

2 – **지출이 준다**

3 – **집안일을 하는 수고가 준다**

4 – **고민이 준다**

5 – **자유시간이 는다**

좋은 일들뿐이죠!

아날로그 시계 L 화이트 / 79,000원 / 무인양품

○
버리고 또 버리고……
마지막까지 남은 것은
'무인양품'

내추럴 컨트리 스타일의 인테리어 잡지 〈Come home!〉을 즐겨 읽던 시절, 소박하고 귀여운 북유럽 가구 시절……. 싫증을 잘 내는 성격 탓에 인테리어 마니아, 잡화 마니아였던 나는 다섯 번의 이사를 거치며 집 인테리어를 무려 세 번이나 바꿨다.

결혼하기 10년 전부터 무인양품의 가구를 좋아해서 자주 구입하긴 했지만, '장식'이 주역이었던 우리 집에서 눈에 띄는 존재는 아니었다. 그래도 항상 곁에 있으며 편안한 느낌을 주는 그런 가구였다.

무인양품의 '저력'을 깨닫게 된 건 지금으로부터 3년 전쯤. 지금 사는 집으로 이사를 오며 가구, 잡화를 모조리 버렸을 때였다. 가슴 찢어지는 심정으로 버리고 또 버리고……. 그렇게 정리가 끝나갈 무렵 마지막까지 남은 물건은 모두 무인양품이라는 사실을 깨달았다.

그래서 나와 무인양품과의 관계는 '운명적인 첫 만남!'이나 '큰 결심을 하고 일괄 구입한' 것이 아니라 오랫동안 친구로 지내던 이성 친구가 실은 운명의 상대였다! ……그런 느낌이다.

사는 게 아니라 버리는 데서부터 미니멀 라이프를 시작하는 사람도 많으리라. 어디서부터 손을 대야 할지 모르겠다면 우선 지금 가지고 있는 무인양품 가구를 '주역'으로 삼는 방법도 한번 생각해보기를…….

여기도! 저기도!
우리 집의 '90퍼센트'는 무인양품으로 꾸며져 있다

거실 Living room

無印良品
無印良品
無印良品
無印良品
無印良品

주방 Kitchen

無印良品
無印良品
無印良品
無印良品
無印良品
無印良品
無印良品

안방 room

無印良品
無印良品
無印良品
無印良品
無印良品

'아무것도 없는' 방 Multipurpose room

無印良品
無印良品

아이 방 Kids room

無印良品 ×7

세탁실 & 세면실 Laundry & Washroom

無印良品 ×6

무인양품과 미니멀 라이프. 궁합이 잘 맞는 이유를 따져보면 크게 세 가지를 들 수 있다. '적은 물건으로 깔끔하게 산다'라는 나의 '축'(나의 블로그 이름이다)과도 잘 맞는다.

1. 어떤 방에나 어울린다

우리 집에서는 방을 용도별로 구분하지 않는다. 그러는 것이 작은 공간을 최대한 활용할 수 있다는 사실을 깨달았기 때문. 예를 들면 딸아이가 좋아하는 핑크색 가구를 놓게 되면 그 공간은 오로지 '딸아이만의 공간'이 되어버린다. 방의 용도를 정해놓지 않으면 가족 모두가 온 집안을 자유롭게 유목민처럼 이동하며 생활할 수 있다.

무인양품의 가구, 수납 도구는 모듈이 통일되어 있는 게 가장 큰 특징이다. 'OO용'이라고 목적을 정해놓고 만들지 않았다. 수납 도구도 TV장식장이나 선반 등 어디에 넣어도 딱 맞는다. 때문에 목적에 따라 언제든 이동해서 사용(우리 집에서는 '전근'이라 부른다)할 수 있다.

'가족이 있는 미니멀리스트'의 든든한 아군, 무인양품

이불 커버 S 150×210㎝ / 58,000원,
베개 커버 43×63㎝ / 16,000원 / 무인양품

2. 변화에 쉽게 대응할 수 있다

중학교 1학년과 초등학교 5학년인 아이들은 한창 자랄 나이라 생활에 날마다 변화가 일어난다. 그런 변화에 대응할 수 있는 집이고자 '플러스 마이너스'가 가능한 무인양품의 가구를 유용하게 사용하고 있다. 우리 집에서도 활약하고 있는 유닛 선반과 수납 선반이 그 대표 주자. 수납 선반의 문을 떼거나 붙이기도 하고, 부품을 추가하거나 제거하는 등, 간단한 동작만으로 용도를 바꿀 수 있다. 유닛 선반은 선반 개수를 바꿈으로써 그때마다의 변화에 대응할 수 있다.

3. 가족과 공유할 수 있다

적은 물건으로 생활하는 방법 중 하나는 바로 공유하는 일. 무인양품의 옷은 쓸데없는 로고나 그림이 들어가 있지 않고 화이트, 블랙 등 심플한 컬러가 메인이라 성별과 나이를 가리지 않고 함께 입을 수 있다.

지금까지 철이 바뀔 때마다 아이들에게 후드 재킷을 사주었는데 결국 두세 번밖에 입을 기회가 없었다. 그래서 내가 가진 무인양품의 아이보리색 후드 재킷을 필요할 때마다 빌려준다.

벤치 S 떡갈나무 천연목 / 139,000원 / 무인양품

다섯 번의 이사를 함께 다니며 아이들과 어린 시절을 보낸 강아지 인형 '벤지'. 쓸모가 있다거나 당장 쓸 물건은 아니지만 앞으로도 버리지 않을 생각.

○
미니멀리스트는 독재자가 아니다.
'간섭하지 않는 것'이 중요

온 가족이 미니멀 라이프를 실천할 때 가장 중요한 점. 그것은 주부 (특정한 가족 구성원)의 사정에 맞춰 일방적으로 규칙을 정하거나 가족에게 강요하지 말아야 한다는 점이다.
'가족을 감시해 물건이 늘어나면 벌을 준다!' 이런 독재자가 있으면 집에서 마음 편히 있을 수 없을 뿐더러 가족 간의 신뢰 관계를 쌓기 어렵다. '왜 정리를 안 하는데?', '왜 못하는데?' 이렇게 '상대를 바꾸려는' 자신의 마음을 먼저 내려놓아야 한다. 때문에 우리 집에서는,

- **간섭하지 않는다.**
- **함부로 버리지 않는다.**

이것을 규칙으로 삼는다.
이를테면 전체적인 인테리어 콘셉트와 조금 다르더라도 나는 남편의 공간에 함부로 손을 대지 않는다. 그리고 아무리 공간을 차지하더라도 아이들이 버리지 말라고 한 물건은 절대로 버리지 않는다. 실제로 아이들이 어릴 적 가지고 놀았지만 지금은 손도 대지 않는 강아지 인형을 아직도 소중히 보관 중이다.

이 원칙을 실천하기 위해서는 가족 구성원 저마다 스스로 자신의 생활을 관리할 수 있도록 물건의 양을 줄이는 것이 중요하다.
나는 아이들과 '자기가 어지른 것은 직접 치운다'는 약속을 하고 '스스로 할 수 있는 범위' 안에서 깨끗하게 정리하게 한다. 가족 개개인이 '자립'하면 '간섭'할 필요도 사라지기 때문이다.

충동적인 '두근거림'보다
일상의 소소한 '행복'

미니멀 라이프를 실천하며 가장 크게 바뀐 것은 바로 '행복'을 느끼는 방식이다.
원래 감정적이고 싫증을 잘 내는 성격이라 어려서부터 '변화'를 사랑했다. 다양한 경험을 통해 많은 것을 배우고 더욱 성장하고 싶다! 그렇게 생각했다.
하지만 현실의 나의 인생에는 전혀 만족하지 못하는 자신의 모습을 발견했다.
집안일, 육아, 직장, 무엇을 해도 어중간할 뿐이었다. 늘 가족을 소중히 하고 싶다고 생각은 하지만 현실은 일에 지쳐 짜증만 내고, 가장 소중히 하고 싶은 것을 그러지 못하는 모순적인 모습에 불안이 커져만 갔다.

DIY, 북유럽, 내추럴 스타일…… 20대 후반부터 30대 초반에 걸쳐 잡지에 실린 멋진 인테리어를 차례차례 흉내 냈다. 지금 생각해보면 수시로 인테리어를 바꿨던 집은 나의 마음을 반영하고 있었던 게 아닐까 싶다.

10년, 20년, 시간이 흐른 후에 '이 일을 열심히 해왔다', '난 이런 일을 할 수 있다'고 자부할 수 있는 일이 나에게는 아무것도 없네……. 만일 내일 인생이 끝난다고 하면 만족할 수 있을까?
하루 일과를 마치고 멍하니 거실을 바라보고 있자니 컬러풀한 인테리어와 수많은 잡화에 둘러싸여 있지만 전혀 행복하지 않은 자신의 모습을 깨닫고 울음이 터져나올 것 같았다. 내가 진정 원하는 게 뭘까. 그런 생각이 들었다.
요리면 요리. 바느질이면 바느질. 육아면 육아. 사회생활이면 사회생활. 이건 못하지만 이것만큼은 노력했다. 하나라도 좋으니 그런 삶을 살고 싶다고 진심으로 원했다.
블로그를 시작한 후로 무소유의 생활을 시작한 건 그 무렵이었다. 직장도 그만두고 전업주부의 길을 택했다.

하얗게 널린 빨래는 보기만 해도 마음이 상쾌하다. 옷이며 수건을 하얀색으로 통일했기 때문에 베란다에서 이런 풍경을 흔히 볼 수 있다. 푸른 하늘과 하얀 빨래. 이것만으로도 집안일을 할 의욕이 불끈!

"아…… 너무 많은 일을 잔뜩 안고 사는 것보다 하나의 일에 집중하는 삶이 나한테는 어울리는구나. 그리고 그런 삶이 좋아." 미니멀 라이프를 실천하는 동안 물건으로부터 삶의 방식을 배운 듯한 기분이 들었다.

집안일을 잠시 멈추고 방으로 스며 들어오는 '저녁노을'을 감상한다. 널어놓은 뽀얀 빛깔의 수건을 보며 상쾌함을 느낀다. 지금 내가 생각하는 '행복'은 정말 작고 소소한 것이다. '이것도, 저것도!' 하며 충동적으로 변화를 좇던 시절보다 훨씬 충실한 나날을 보내고 있다.

미니멀 라이프는
선반 하나에서 시작

'최소한의 물건과 생활하고 싶다'는 생각은 하지만 현재 집에 물건이 너무 많아서 어디서부터 손을 대야 할지 모르겠다고 생각하는 사람도 있을 것이다.
굳은 결심을 했어도 이것도 버려야 하는데, 저것도 버려야 하는데…… 하고 혼란에 빠진다면 결국 아무것도 얻지 못하게 된다.
"오늘은 이 선반에 있는 물건을 버려볼까."
이 정도의 편한 마음으로 시작하라. 선반에 있는 것들을 일단 치우고 여백의 미를 즐겨라. 그렇게 치운 물건은 보관하고 있다가 몇 달이 지난 후에도 필요하다는 생각이 들지 않는다면 처분하면 된다. 한 번에 다 할 필요는 없다.

장식이 많은 가구가 사라지고 나면 뭔가 허전하다는 느낌이 들기도 한다. 그럴 때는 물건을 사라.
'미니멀 라이프'를 지향한다고 해서 '물건을 사면 안 된다'는 생각에 지나치게 사로잡힐 필요는 없다. 그러면 오히려 죄책감이 들어 스트레스만 쌓이게 된다. 우리는 수도승이 아니기 때문에 갑자기 물욕을 없앨 수는 없다.
그리고 직접 돈을 주고 사봐야 알 수 있는, 만나봐야 깨닫게 되는 사실도 많다.
이를테면 얼마 전에 나는 경조사 때나 드는 검은 가방을 처분하고 평소에도 들 만한 다른 가방을 장만했다. 몇 년에 한 번씩 쓰는 물건은 필요 없다. 물건은 매일 열심히 써서 수명을 다하게 해줘야 한다. 먼지를 뒤집어쓴 가방을 보면서 그런 생각을 했다.
일단 사본다. 그런 것도 하나의 경험이다. '경험경제'라는 말이 있듯이 설령 현명한 소비를 하지 못했다고 해도 경험을 구입했다고 생각하면 된다. 계속 참다가 스트레스가 쌓여서 충동구매에 빠지지 않기를.

참고로 무인양품의 가구를 처음 쓰는 사람이라면 저렴하고 캐주얼한 소나무 원목부터 시작하는 걸 추천한다. 두툼한 호두나무 원목은 가격도 비싸고 본인의 집과 취향에 어울릴지 알 수 없기 때문이다. 나 역시 소나무 원목부터 시작해서 물푸레나무, 떡갈나무 원목으로 넓혀갔다.

미니멀리스트의 책장 없는 생활

바쁜 하루 속에서도 책과 함께하는 시간은 팽팽하게 긴장했던 마음을 느슨하게 풀어준다. 독서는 삶의 만족도를 높여주는 중요한 요소임에 분명하다.

남편과 아이들이 즐겨 읽는 만화책. 권수가 많아 자리를 차지하기 때문에 꼭 읽고 싶은 만화책 신간 외에는 사지 않고 '쓰타야(TSUTAYA)'에서 빌려 본다. 수납할 장소를 확보할 필요가 없으니 마음이 한결 가볍다.

집안일을 끝내고 난 뒤의 오후는 나만의 독서 시간이어서 잠깐 기분전환을 하고 싶을 때면 만화책을 손에 든다. 좀비 만화를 읽으며 함께 긴장하기도 하고 두근거리는 로맨스 만화를 읽으며 행복에 젖어 잠들기도 한다. 생각을 하고 싶은 날에는 활자가 많은 책을 읽으며 정보를 수집한다. 기분이 울적할 때는 '아무것도 없는 방'으로 만화책을 들고 가는데, 콕 틀어박혀 읽다 보면 몇 시간이 지나 기분이 말끔히 풀린다.

독서는 나의 생활과 떼어놓을 수 없는 요소다. 가족 중에서 유독 책을 좋아하는 나에게 책을 콤팩트하게 관리하는 방법은 매일의 숙제. 이사할 때마다 짐을 꾸리느라 얼마나 골머리를 앓았는지 모른다. 소장한 책을 유심히 살피다 보니 일 년에 몇 번밖에 읽지 않는 책이 있다는 사실을 깨달았다. 그래서 과감히 책장째 처분했다.

무엇보다 중요한 건 수납장을 버리는 것이다. 수납장이 있으면 거기에 또 뭔가를 넣고자 하기 때문에 내용물이 없다면 용기까지 버리는 것이 중요하다. 덕분에 벽장 속까지 깨끗해져서 쾌적한 삶을 실감한다.

책을 소장하지 않게 된 뒤로는 도서관, 대여점 그리고 전자책으로 독서 생활을 즐긴다.

최근에 구입한 전자책은 무척 만족스럽다. 평소에는 거실에서 읽지만 휴대성이 좋아서 여행을 갈 때도 꼭 챙겨 간다.

전자서적은 '라쿠텐 kobo'를 애용 중. 두툼한 경제경영서를 자주 읽는 나에게 얇고 가벼운 전자책 단말기는 고마운 존재. 휴대성이 좋아서 집은 물론 장거리 여행에도 좋은 동반자가 된다.

Chapter **2**

지금 있는 '무인양품'과 함께하는 미니멀 인테리어

필요한 물건만으로 생활하기 시작한 뒤로 가구를 바꾼 적이 없는데도
'센스 좋다', '저 가구는 어디 거야?'라는 칭찬을 듣는 일이 많아졌다.
여백을 늘리고 컬러 수를 줄인 것뿐인데 말이다.
장식을 내려놓으면 '심플'과 '멋',
두 마리 토끼를 모두 잡을 수 있는 모양이다.

○
미니멀 인테리어는 '컬러 수'가 포인트

내가 인테리어에서 가장 신경 쓰는 부분은 '컬러 수'다. 아무리 물건을 줄여도 이 색깔 저 색깔 중구난방이면 집 안은 너저분한 인상을 풍기게 된다.
지금 집으로 이사한 뒤로 '화이트 톤'의 면적을 늘리자 그것만으로도 센스가 좋다는 칭찬을 듣는 일이 많아졌다.
특히 커튼처럼 면적을 많이 차지하는 패브릭은 블랙 계열이냐 화이트 계열이냐에 따라 실내 분위기가 크게 바뀐다. 답답한 다크 컬러의 커튼은 공간을 실제보다 좁아 보이게 한다. 때문에 나는 '화이트, 블랙, 우드'의 세 가지 컬러로 제한했다. 화이트를 50퍼센트로 해서 가구는 우드, 블랙으로 포인트를 주는 게 가장 조화롭다.
한편 물건을 '장식'하는 행위는 되도록 피하는 게 좋다. 기분이 고양되고 즐겁기도 하지만 '함정'에 빠지기 쉽다. 장식 공간을 하나 늘리면 그 지점부터 문어발처럼 물건이 늘어서 욕망을 제어하지 못하게 된다.
이를테면 선반을 사면 자연스레 잡화를 놓고 싶듯이 처음에는 '하나만 사야지……' 하고 생각하지만 점점 늘어나게 된다.
벽이며 선반에 아무런 장식 없는 '하얀 방'에 살다 보니 주변에서 흔히들 질리지 않느냐고 묻는다. 지금 사는 집으로 이사를 오고 나서 본격적으로 '미니멀 라이프'를 시작한 뒤로는 실내 톤을 거의 바꾼 적이 없다. 전등갓의 컬러를 바꾸거나 쿠션 커버를 바꾸는 정도의 소소한 변화라면 초기에 몇 번 시도했지만 최근에는 그것조차 하지 않게 되었다.
포인트가 되는 가구나 잡화가 없으니 모든 인테리어가 일상생활에 자연스럽게 녹아들어 있다. 그래서 질리지 않는다. 활활 타오르는 연애는 사랑이 식는 순간 바로 끝나버리지만, 서로를 속속들이 아는 익숙한 가족과는 10년을 같이 살아도 질리지 않는다. 그와 같은 맥락이 아닐까.

미니멀 인테리어

거실

미니멀 인테리어의 첫 단계는 '장식'의 생략이다. 거실부터 뺄셈을 시작하면 집 안 전체의 분위기가 확 달라진다.

우리 집도 여기까지 오는 과정에 우여곡절이 많았다. 북유럽 인테리어를 사랑했던 나의 천적은 '쿠션 커버'와 '패브릭 액자'였다.

이제 장식은 그만! 그렇게 결심한 건 거실의 본모습을 생각하고 나서였다. '어? 이런 거실에서 과연 가족들이 편히 쉴 수 있을까?'라는 의문이 들었다. 패턴이 너무 많거나 지나치게 자주 인테리어를 바꾸면 당연히 시각적으로 피로를 느끼게 된다. 가족들이 모이는 곳인데 편안한 공간으로 꾸미고 싶다. 그런 마음이 지금의 '장식 제로' 거실을 만들었다.

수납 캐비닛
폭 162.5cm 기본 세트 떡갈나무
/ 439,000원 / 무인양품

RULE 1
허리보다 낮은 높이의 가구를 고른다

거실은 가족이 다함께 모여 식사를 하거나 소파에 앉아 '편안한' 시간을 보내는 공간. 때문에 압박감을 줄이기 위해 높이가 낮은 가구들로만 꾸몄다. 세 평 반 크기의 우리 집 거실이 넓어 보인다는 소리를 자주 듣는 건 바로 이런 까닭에서다.

안전이 가장 중요하죠!

Point!

미니멀 라이프와 '안전'은 양립 가능

거실이나 침실처럼 가족이 모이는 공간에서 특히 신경을 쓰는 부분은 바로 안전 확보. 키 큰 가구는 지진이 발생했을 때 쓰러져서 크게 다칠 위험이 있다. 하지만 키 낮은 가구는 쓰러지더라도 큰 사고의 위험이 적다. 안전을 고려해 낮은 가구를 선택.

RULE 2
'화이트, 블랙, 우드'의 3색으로 통일

이 집에 이사 오고 나서 정한 규칙. 화이트를 기조로 블랙 창틀, 이런 식으로 부분적으로 블랙이 들어간 집이라 화이트, 블랙, 우드가 잘 어울린다. 예전에는 화려한 컬러를 좋아했지만 쉽게 피로감이 느껴지고 금방 질린다. 컬러를 최소한으로 줄여서 질리지 않는 공간을 만들고자 했다.

RULE 3
쿠션 커버로 기분 전환

①사계절 내내 쓸 수 있는 소재 ②패턴이 들어간 건 딱 하나만. 우리 집의 쿠션 커버 선택 기준이다. 철마다 바꾸면 물건이 늘어나 관리가 힘들어진다. 따라서 사계절 내내 쓸 수 있는 소재가 가장 좋다. 블랙, 아이보리, 체크. 기분에 따라 컬러와 무늬를 바꾼다.

쿠션 커버 아이보리 43×43cm / 가격미정 / 무인양품

RULE 4
가구의 '여백'을 즐긴다

무인양품의 카탈로그에 실린 인테리어 사진을 보면 잡화를 늘어놓지 않고 대부분 여백을 남겨둔다. 여백 속에 자리한 가구의 모습은 참으로 멋스럽다. 그래서 우리 집에서도 여백을 남기고 인테리어 자체의 아름다움을 즐기려 한다.

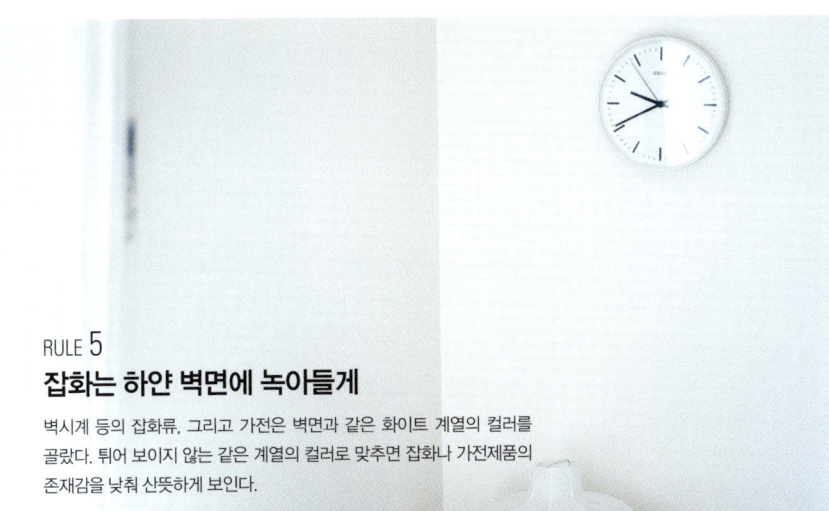

RULE 5
잡화는 하얀 벽면에 녹아들게

벽시계 등의 잡화류, 그리고 가전은 벽면과 같은 화이트 계열의 컬러를 골랐다. 튀어 보이지 않는 같은 계열의 컬러로 맞추면 잡화나 가전제품의 존재감을 낮춰 산뜻하게 보인다.

| 미니멀 인테리어 |

주방

매일 음식을 만들고 설거지를 하고 차를 마시는 주방은 주부가 하루 중 가장 오랜 시간을 보내고 작업하는 공간이다. 그렇기 때문에 어느 장소보다 사용하기 편해야 한다.

우리 집 주방은 결코 넓지 않은 월세집이라 수납공간이 얼마 없다. 하지만 살다 보니 그것이 오히려 집안일을 수월하게 하는 데 있어서 '장점'임을 깨달았다.

싱크대가 좁으면 식기를 쌓아두지 않고 식사를 마치면 바로 치울 수밖에 없다. 수납공간이 없으면 더 이상 물건을 늘리지 않아야겠다고 생각하게 된다. 미니멀리스트 관점에서 바라보면 집의 결점이 180도 바뀌어 장점이 되기도 한다.

RULE 6
주방에 물건을 꺼내놓지 않는다

작업대, 가스레인지, 식기장 위 같은 주방의 '평면'에는 절대 물건을 꺼내놓지 않는다. 가전이나 조리 도구를 포함, 사용하지 않을 때에는 수납장에 넣어두면 물건이 거치적거리지 않아 훨씬 집안일을 하기 수월하다. 사용할 때만 꺼내 쓴다. 이 법칙에 익숙해지면 전혀 번거롭지 않다.

> **Point!**
>
> ### 청소할 때는 쓰레기통을 위로 올리기
>
> 아침 8시. 아이들을 학교에 보낸 뒤에는 주방 가구 위에 무인양품의 쓰레기통을 올리고 청소를 시작한다. 금방 치울 수 있는 '꿀팁'!
>
>

RULE 7
싱크대에서 사용하는 물건은 위로 올린다

물기 있는 곳에서 사용하는 스펀지나 주방 세제는 싱크대에 놓고 쓰는 사람이 많다. 나도 예전에는 그랬지만 집에 있는 시간이 길어지며 습관을 바꿨다. 스펀지와 세제가 선반 위에 가지런히 놓여진 모습을 보면 '오늘 일과는 끝났구나' 하고 겨우 한숨을 돌리게 된다. 싱크대를 정리하면 기분이 좋아지는 효과도 있고 집안일의 ON/OFF 스위치 역할을 하기도 한다.

RULE 8
식기는 가족 수만큼만 마련한다

식기는 가족 수에 맞춰 네 벌만 소유한다. 일단 그렇게 정하니 놀랄 만큼 식기 수가 줄었다. 물론 손님을 대접해야 할 때도 있지만 가족들의 식기를 활용하면 충분하다. 매일 먹는 상차림을 생각하면 밥공기, 국그릇, 접시, 머그컵 정도로 충분하다.

RULE 9
식재료는 끼니때마다 구입

우리 집 냉장고는 기본적으로 늘 텅 비어 있는 상태. 저녁거리는 끼니때마다 사 와서 그날 안에 소비해도 전혀 문제가 없다. 냉장고에 항상 여백이 있으면 갑자기 들어온 선물을 넣어두거나 많이 만들어둔 음식을 냄비째 보관하기도 쉽다.

Zoom up!
채소칸을 식품칸으로!

채소는 사 온 날 전량을 소비하기 때문에 항상 공간이 비어 있다. 그래서 '저온에서 보관하지 않아도 되는 식품'을 넣어둔다. 패키지가 요란한 제품을 '감춰두는' 효과도 있다는 사실! 끼니때마다 구입해 소비한다. 생활의 기본이 하루에 맞춰져 있기 때문에 가능한 방법이다.

미니멀 인테리어
안방

안방은 기본적으로 부부 침실로 사용한다. 다소 낡은 바닥 위에 다다미를 한 장 더 깔았더니 무척 편리하다. 이동 가능한 것이라 어느 한 군데 빠짐 없이 전체적으로 볕에 말릴 수 있다. 볕을 받아 그윽한 빛깔로 변신한 다다미 덕분에 침실 분위기가 근사해졌다.

밤에는 부부 침실이지만 낮에는 아이들 공부방이나 놀이방으로도 사용한다. 결코 넓지 않지만 네 가족이 사는 집으로 전혀 비좁지 않게 느끼는 비결은, 방 하나를 두세 가지의 용도로 활용하기 때문인지도 모른다.

RULE 10
탈부착 가능한 편리한 다다미

올해부터 집에 들인 탈부착식 다다미. 테두리가 없는 다다미는 쉽게 탈부착이 가능해서 장소를 바꿔가며 골고루 볕에 쬐일 수 있다. 겨울에는 따뜻하고 여름에는 시원해서 그대로 누워도 기분이 좋다. 침구로도 쓸 수 있어서 편리.

RULE 11
아이들 놀이방으로도 활용 가능

다다미 방은 춥지 않아서 아이들이 게임을 하는 등 놀이 공간이 되기도 한다. 집에 공부 책상이 없어서 안방을 공부방으로 사용하기도 한다. 아이들은 '집 안 내 유목민'이 되었지만 물건이 적으면 방 하나를 여러 용도로 사용할 수 있다.

수납 캐비닛 폭 82.5cm 기본 세트 떡갈나무 / 339,000원 / 무인양품
수납 캐비닛 목제도어(좌우 세트) 떡갈나무(2장 세트) / 99,000원 / 무인양품

RULE 12
간소하게 꾸민 남편의 서재

ㄷ자형 선반과 좌식 의자로 간소하게 꾸민 남편의 서재. 이동성을 생각하면 노트북이 편리하지만 남편이 데스크탑 PC를 원해서 관여하지 않았다. 서로에게 지나치게 간섭하지 않는 것도 가족과 함께 사는 미니멀리스트에게는 중요한 일이다.

Zoom up!
몇 안 되는 컬러로 꾸민 심플한 집에서 존재감을 과시하는 블루 컬러의 마우스. 남편의 취향이라 이래라저래라 간섭하지 않기로 했다. '간섭하지 않는다', 이것이 가족과 함께 사는 미니멀리스트의 첫 번째 철칙이다.

좌식 의자 L / 76,000원
좌식 의자 L용 커버(ECRU) / 38,900원
/ 무인양품

| 미니멀 인테리어 |

'아무것도 없는' 방

"우리 집에는 아무것도 없는 방이 하나 있어요." 그런 얘기를 하면 다들 "아무것도 없다고요?" 하고 놀라지만 '아무것도 없는' 방 = 멀티룸의 편리함에 한번 빠져들면 헤어 나오기 어렵다.

방에 아무것도 없다는 것은, 바꿔 말하면 어떤 용도로든 사용할 수 있다는 의미로 공간의 자유도가 무척 높다는 것이다. 갑작스레 손님이 찾아 왔을 때는 응접실로, 아이들 친구가 놀러 왔을 때는 손님 침실로…… 어떤 용도로도 활용할 수 있어서 마음에 여유가 생긴다.

신기하게도 물건이 없는 방이 존재한다는 것만으로 자연스레 물욕이 잠잠해진다. 빈 공간의 아름다움에 빠져 한없이 바라보고만 싶어진다. 이곳에 물건을 놓는 건 너무 아쉽다. 그런 마음이 생겨난다.

RULE 13
사각 위치에 물건을 놓아
마치 아무것도 없는 것처럼

'아무것도 없는' 방이지만 그래도 뭔가 둬야 할 때는 벽 쪽에 붙인다. 사각
공간을 활용하면 입구에서는 전혀 보이지 않으니 마치 비어 있는 듯하다.
미니멀 라이프는 시각적인 부분부터. 늘 보고 싶은 공간을 꿈꾼다.

RULE 14
하나의 방을 '멀티'로 활용한다

로우 접이식 테이블
80×50×35cm / 89,000원 / 무인양품

멀티 활용 1
아이들 공부방으로

텅 빈 공간은 문을 닫으면 집중력이 상승하므로 아들의 공부방으로 활용한다. 남편 역시 자격증 시험을 준비할 때 이용. 참고로 '자기 물건은 자기가 치운다'가 이 방의 규칙이다. 그러면 누군가의 물건이 방치되는 일 없이 가족 모두가 언제든지 다양한 용도로 활용할 수 있다.

멀티 활용 2
실내 건조실로

빨래 건조대를 설치하면 실내 건조실로 탈바꿈한다. 비 오는 날이나 일조량이 적은 가을, 겨울철 실내에서 빨래를 말려야 할 때 '아무 것도 없는 방'이 도움이 된다. 습도가 높을 때는 선풍기를 돌리면 실내에서도 빨리 마른다.

멀티 활용 3
환자를 간호하는 방으로

가족 중 아픈 사람이 있으면 다른 가족에게 감염되지 않게끔 이곳에서 돌본다. 가끔 기분 전환을 하고 싶거나 우울할 때쯤 이곳에서 시간을 보내기도 한다. 문을 닫고 한 시간쯤 만화책을 읽다 보면 재충전 완료! 한결 가벼워진 기분으로 다시 집안일을 한다.

미니멀 인테리어

아이 방

우리 집은 1년 전부터 아들과 딸의 요청으로 아이 방을 하나로 합쳤다. 비좁은 집에서 자란 나는 늘 '내 방이 있었으면!' 하고 바랐다. 그래서 아이들에게도 각자 방을 하나씩 마련해주고 싶었는데 실제로 방을 가지게 된 아이들은 '내 방에 들어오지 마!' 하고 싸우기 일쑤. 오히려 방을 함께 쓰니 남매지간의 우애가 훨씬 돈독해졌다.

우리 집 아이 방의 특징은 책상이 없다는 점이다. 예전에는 있었지만 책상에 얌전히 앉아 공부하는 걸 싫어해서 결국 무용지물이 되고 말았다. 지금은 거실이나 주방, 안방, 아무것도 없는 방…… 아이들이 원하는 장소로 교과서와 공책을 들고 가서 공부를 한다.

RULE 15
화이트로 통일하면 물건을 쉽게 찾을 수 있다

북유럽 스타일로 집 안을 컬러풀하게 꾸몄을 때는 물건을 찾느라 시간이 한참 걸렸다. 아이들 물건은 캐릭터 상품이 많아서 찾는 데 애를 먹기 일쑤. 심플한 화이트 컬러로 통일하면 이 모든 걸 해결할 수 있다. 화이트 컬러 속 물건은 아이들도 쉽게 찾는다는 사실!

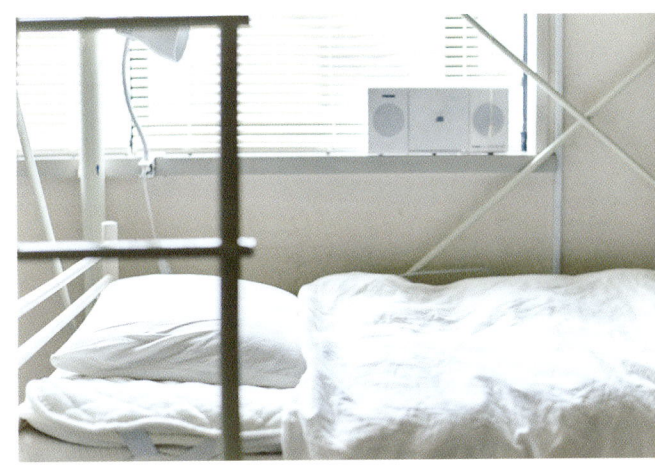

RULE 16
분해하기 쉬운 가구를 활용

이사를 자주 다니는 우리 가정에 분해와 조립이 쉬운 가구는 필수. 아이들 침대도 그중 하나다. 분해하기 쉬우면 실내에서도 쉽게 이동할 수 있다는 사실. 우리 집에서는 '침실', '아이 방'처럼 각각의 공간을 명확하게 구분하지 않는다. 가구를 자유롭게 이동시켜 그때마다 '지금은 여기가 아들 침실'이라는 식으로 방에 변화를 준다.

Point!

'버리는 원칙'이 있으니 정리하는 습관이 몸에 밴다

"계속 이렇게 바닥에 두면 쓰레기통에 버릴 거야." 딸과 한 정리 약속. 그림 그리는 걸 좋아해서 늘 스케치북을 바닥에 펼쳐놓지만, 어수선하다고 해서 즉각 버리지 않고 한번 쓰레기통에 넣음으로써 다시 '주울 기회'를 주는 게 포인트.

> 미니멀 인테리어

세탁실 & 욕실

세탁기 주변이나 세면대, 화장실 등 물기가 있는 곳은 어쩔 수 없이 곰팡이가 피거나 얼룩이 생기기 쉽다. 그러다 보니 청소도 이만저만 성가신 게 아니다. 때문에 가급적 물건을 두지 않고 최소한의 필요한 것만 놓아둠으로써 '청결'과 '멋'을 모두 해결한다.

대부분의 경우, '쓸 때 꺼낸다'를 규칙으로 삼지만 세탁실과 욕실만큼은 예외. 사용하지 않을 때도 밖에 꺼내놓아 환기를 시켜 보송하게 습기를 제거하는 데 신경을 쓴다. 매달아놓은 수세미나 차곡차곡 접어둔 무인양품 수건이 그 전형적인 예. 수건은 사용하면 바로 바스켓에 넣을 수 있도록 욕실 근처에 놓아두는 게 좋다.

와이어 바스켓
37×26×24cm / 28,000원 / 무인양품

RULE 17
빨랫감은 흰 빨래와 색깔 빨래를 분류한다

흰 빨래와 색깔 있는 빨래를 구분해서 세탁한다. 무인양품의 와이어 바스켓 두 개를 사용, 옷을 벗을 때 가족들이 자동적으로 분리해서 넣게 한다. 그러면 세탁할 때 빨랫감을 분류하는 수고를 덜 수 있다. 동작을 간략화하기 위한 시스템이다.

RULE 18
장소를 가리지 않고 쓸 수 있는 벤치를 활용

우리 집에는 무인양품의 원목 벤치가 두 개 있다. 하나는 바스켓을 놓는 세탁실에, 나머지 하나는 전화를 놓는 거실에 두었다. 다양한 용도로 활용할 수 있는 아이템은 미니멀리스트의 든든한 아군이다.

벤치 S / 139,000원 / 무인양품

RULE 19
사용 전에 포장을 제거한다

가글은 사용하기 전에 포장을 벗겨서 세면대에 올려놓는다. 간단한 동작 하나로 보기에도 깔끔하고 기분도 좋아진다. 본인이 봐서 '좋다'는 생각이 들게끔 생활감을 느끼게 하는 것들은 되도록 배제하려고 한다.

before
after

before
after

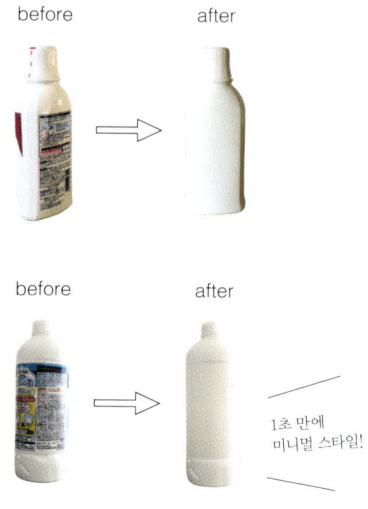

1초 만에
미니멀 스타일!

RULE 20
향은 무향을 선택한다

향 역시 미니멀하기 위해 노력한다. 특히 여름에는 스프레이나 데오도란트를 자주 사용하는데, 모든 제품에 향이 있으면 기분까지 흐트러진다. 향이 섞이지 않도록 모두 무향 제품을 사용하고 포장도 화이트로 통일하면 마음까지 한결 홀가분하다.

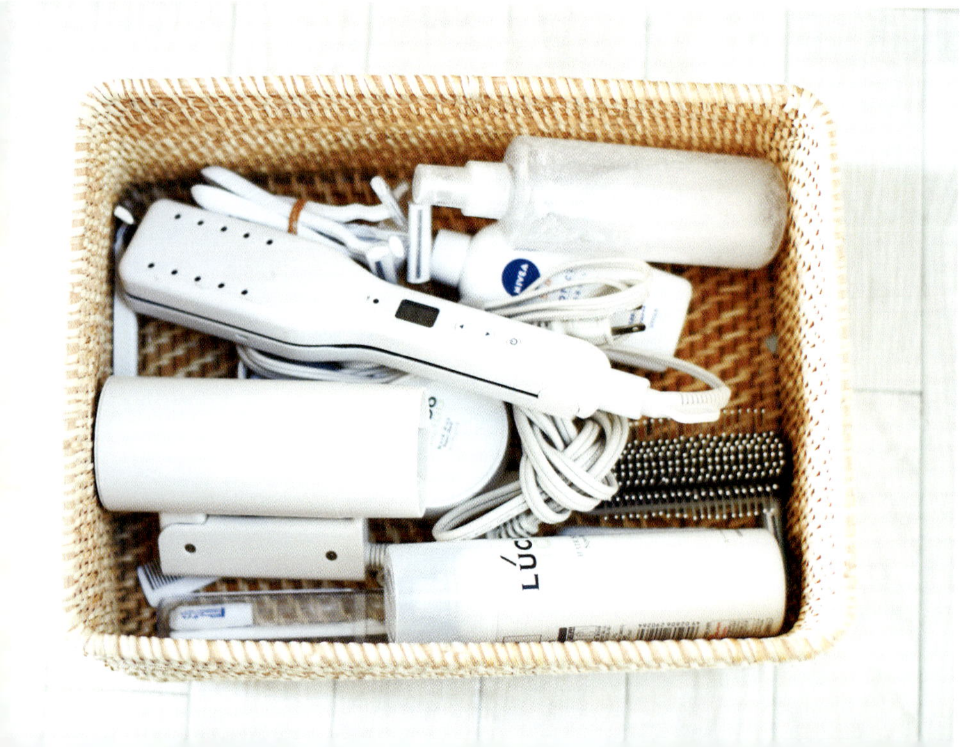

RULE 21
슬리퍼와 매트는 NO

건식 화장실 바닥에는 아무것도 놓지 않는다. 그러면 금방 청소할 수 있어서 가장 청결하게 사용할 수 있다. 손님이 올 때만 저렴하게 구입한 일회용 슬리퍼를 꺼내놓고, 손님이 돌아가면 바로 버린다.

RULE 22
사각을 이용해 깔끔하게 수납

화장실 청소 도구, 두루마리 휴지, 생리용품 등, 생활감을 감추기 어려운 물건은 상단의 사각 공간에 수납(여기서도 사각을 이용!)해서 커튼으로 시야에서 가린다.

미니멀 인테리어
현관

현관에서 중요한 규칙은 신발을 꺼내놓지 않는 것이라 가족 모두의 협조를 얻어 지키고 있다. 집으로 돌아오면 바로 신발을 벗어 신발장 안에 넣는다. 아무것도 없는 깔끔한 현관을 보고 각자 느끼는 바가 있는지 신발을 꺼내놓는 사람은 아무도 없다. 예전에는 '내 신발 밟았지', '맘대로 내 신발 신지 마!' 등등 다툼이 끊이지 않았다.

미니멀리스트라고 이야기하면 '가족들이 고생하겠어요'라는 말을 들을 때가 많다. 하지만 실제로 실천에 옮기면 오히려 그 반대라는 사실을 알게 된다. 가족들이 자연스레 협조하게 되는 집이 된다고 할까.

RULE 23
신발은 한 켤레도 꺼내놓지 않는다

현관에는 절대로 신발을 꺼내놓지 않는 것이 우리 집의 규칙. 네 가족의 신발이 나와 있으면 다른 사람의 신발을 밟고 다니는 게 버릇이 되어버린다. 그러다 보면 당연히 다툼이 벌어지고(웃음) 신발도 빨리 망가진다. 그래서 집에 오면 신발은 바로 신발장 안으로!

우리 집 신발장 공개

RULE 24
신발은 한 사람당 두 켤레까지

남편은 출근용 구두까지 네 켤레를 가지고 있지만 원칙적으로는 한 사람당 두 켤레로 제한하고 있다. 아이들은 학교에 갈 때 신는 신발 하나와 그 밖의 용도로 하나가 더 있다. 아이들은 금방 자라서 신발 사이즈가 자주 바뀌기 때문에 두 켤레면 충분하다.

RULE 25
신발장이 책장으로 변신

신발장 안에도 여유 공간을 만든다. 지금은 멀티룸에 수납할 공간이 없어서 급하게 아들의 만화책을 수납. 긴급 상황에도 대처할 수 있다는 게 여백의 장점이라는 사실!

Column 2

간소하지만 꼼꼼한 스킨케어 & 메이크업

스킨케어와 메이크업은 가급적 간략하게.
본인이 절대로 양보할 수 없는 조건을 알게 되면 간소한 스킨케어로도 충분하다.

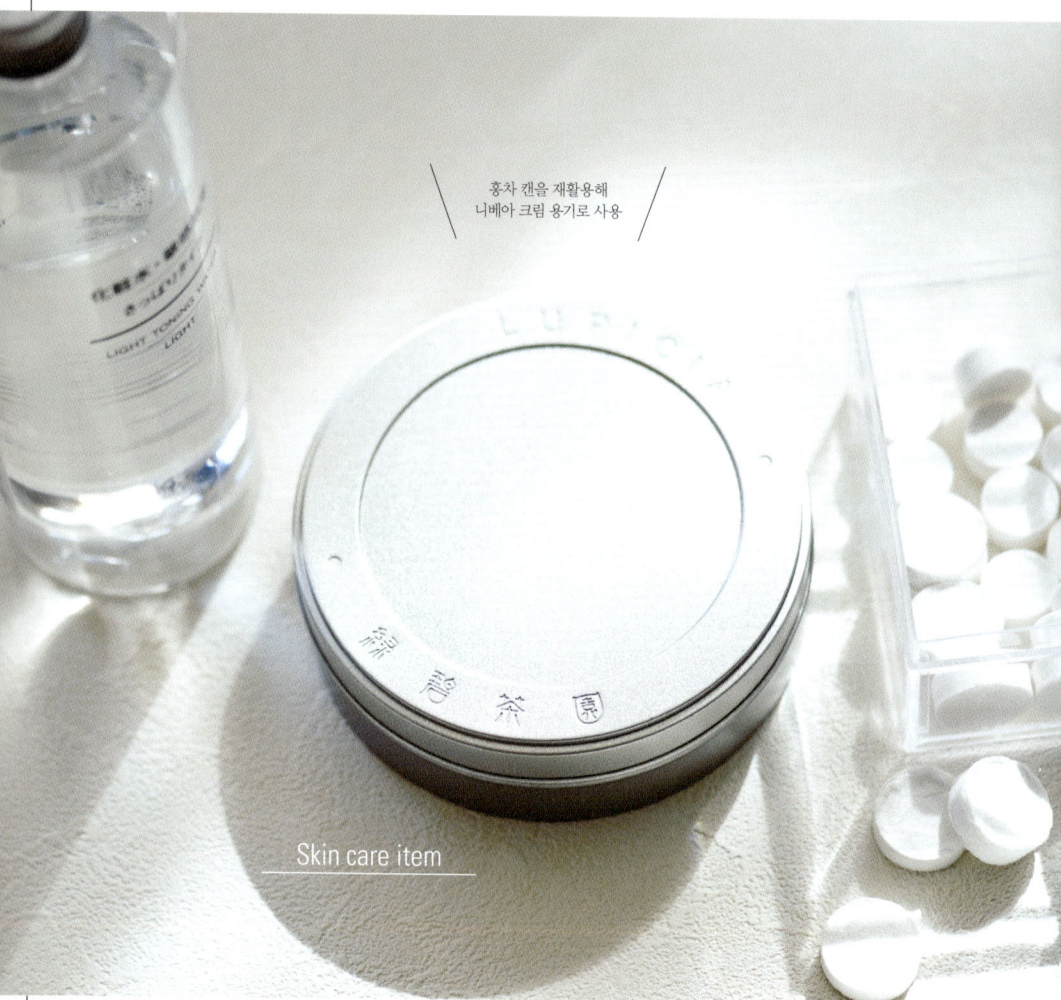

홍차 캔을 재활용해
니베아 크림 용기로 사용

Skin care item

(왼쪽부터) 무인양품의 민감성 피부용 스킨은 산뜻한 타입을 사용. 대용량을 구입하지만 아끼지 않고 팍팍 사용하기 때문에 한 달이면 바닥을 보인다. 파란색 니베아 크림 용기는 선물로 들어온 루피시아의 홍차 캔으로 교체해서 사용. 니베아 크림은 얼굴뿐 아니라 온몸에 사용할 수 있어 좋다. 바르고 나면 얼굴이 번들거리지만 다음 날 아침 피부 상태는 최고! 건조한 겨울철에는 이 아이템으로 아침저녁 스킨케어를 한다. 로션 시트는 자기 전 마스크팩으로 활용.

미니멀 라이프를 실천하면서 자기 관리에 더욱 신경을 쓰게 되었다. 차림새가 간소한 만큼 피부는 깨끗하게 유지해야겠다는 생각에서였다.

하지만 스킨케어 방법은 지극히 단순해서 아침에는 스킨을 바르고 저녁에는 무인양품의 스킨을 로션 시트에 듬뿍 적셔서 10분간 팩을 한다. 그리고 니베아 크림을 얼굴에 듬뿍 바르고 잠자리에 든다.

간단하지만 10분의 스킨케어 시간을 꾸준히 지킬 수 있느냐가 자신의 상태를 판단하는 척도가 되었다. 경우에 따라서는 마스크팩을 생략하고 바로 잠자리에 들기도 한다. 그것조차 귀찮을 때는 '많이 지쳤구나' 하고 인정하고 무리해서 스킨케어를 하지 않고 쉰다.

화장도 엷게 한다. 화장품은 드럭스토어에 가서 그때마다 사용해보고 싶었던 아이템을 사는 정도로, 특별히 브랜드에 집착하지 않는다. 그나마 신경 쓰는 건 컬러감. 립스틱이나 치크는 베이지 계열을 고른다. 내 피부 톤에는 베이지 계열이 가장 잘 어울리기 때문.

메이크업 베이스 효과가 있는 파운데이션은 하카타에서 유명한 미용 전문가 도코 씨가 추천해준 제품을 사용한다. 그녀는 나보다 나이가 많은데도 기적적인 미모를 소유하고 있다. 그런 분이 추천하는 제품이라 믿음이 갔다. 브랜드에 딱히 고집하지 않으니 써보고 싶은 제품이 생기면 바로 바꿀 수 있어서 좋다. 이 파운데이션은 반년 전에 방송에서 처음 접한 뒤로 내 화장대에 영입했다.

(왼쪽부터) 블러셔는 키스미 페름 브라이트닝 치크. 베이지 계열의 파우더 타입이라 내추럴한 연출이 가능하다. 니베아의 내추럴 컬러 립 퍼펙트 에센스는 컬러와 함께 글로스 효과까지 있다. 아이브로는 엘시아의 펜슬 타입 라이트 브라운. 립도 베이지 컬러로 통일. 멘소래담의 립크림은 자동차에도 상비. 에트보스의 리퀴드 파운데이션은 메이크업 베이스 효과가 있어서 올인원으로 활용. 비누로 클렌징할 수 있는 것도 장점. 파우치는 직접 만든 것.

Cosmetic item

Chapter **3**

'무인양품'을 100퍼센트 활용한 미니멀 수납법

미니멀 라이프를 실천하는 데 있어서
중요한 것은 일시적으로 '버리는' 게 아니라
지속적으로 '소유하지 않는' 것.
소유하지 않는 삶에는
그것을 지속하기 위한 수납의 원칙이 있다.
나의 정리수납 7대 원칙은
아이들도 실천할 수 있을 만큼 쉽고 간단하다.
무한반복에서 벗어나 지속할 수 있는 방법을 대공개!

○

미니멀 수납이란
'깔끔하게 정리하는 것'이 아니다

과거 북유럽 인테리어에 흠뻑 빠졌던 시절 나는 '수납 = 정리정돈'이라고 생각했다. 하지만 아무리 깨끗하게 정리해도 아이들은 어지르고 먼지는 쌓이기만 해서 짜증을 내며 다시 치우기 일쑤였다.

가구 카탈로그 등에서 본 모든 물건이 아름답게 선반에 놓여 있는 모습은 분명 따라 해보고 싶은 욕구를 불러일으킨다. 나의 인테리어 교과서라고 할 수 있는 무인양품 카탈로그에도 '이런 식으로 장식하면 좋겠다'는 생각이 들게끔 하는 선반과 소품 사진이 여럿 있다. 하지만 실은 '물건이 많다 + 아름답게 장식한다'는, 인테리어 코디네이터이기 때문에 가능한 고급 기술이다. 바쁘게 보내는 주부인 나의 일상, 현실을 고려했을 때 무리라는 사실을 깨달았다.

미니멀 라이프를 실천하며 물건을 버리고 나니 '수납'에 대한 생각이 바뀌었다.

- '깔끔하게 정리하는 것'이 아니라 '물건을 놓지 않는다'.
- '수납 테크닉'보다 '여백'.
- '주말에 한 번에 치운다'가 아니라 '지속적으로 물건을 늘리지 않는다.

어느 샌가 정리를 계속해야 하는 스트레스에서 벗어나 물건을 늘리다 – 줄이고 – 다시 늘리는 '무한반복'과도 결별했다. 음식에 비유하자면 다이어트를 의식해 헬스장에서 운동하는 게 아니라 매 끼니를 채소 중심의 식단으로 바꾼 거라고 생각하면 된다.

'수납'이라는 말의 정의를 바꾸면 자연스레 '집 선택'의 생각도 바뀐다. 옷장이나 벽장 등의 수납공간이 많으면 많을수록 좋다고 생각하는데 과연 그럴까? 애초에 장식 선반 같은 것이 정말 필요할까? 지금까지 생각하지 못했던 의문이 차례차례 떠올랐다.

'미니멀리스트? 금욕적이네요.' 그런 말을 자주 듣는데 수납 면에서만큼은 무언가를 애쓰거나 무리하는 일이 꽤 줄어들어 몸과 마음이 편해졌다. 지금도 잡지 따위를 읽으며 잡다한 물건이 많은데도 아름답게 정리된 집을 감상하는 것을 좋아한다. 하지만 무리해서 따라 하지는 않는다. 실생활에서 쉽게 실천할 수 있는 수납 원칙 일곱 가지를 공개한다.

RULE 1
40퍼센트의 여백을 확보한다

공간의 60퍼센트는 물건으로 채우고 나머지 40퍼센트는 여백으로 비워둔다. 이것이 '집 전체'부터 '선반 하나'에 이르기까지 일관된 우리 집의 원칙이다. 챕터 2에서 소개한 '아무것도 없는 방(멀티룸)'도 집 전체의 40퍼센트의 여백에 해당한다.

여백이 있으면 갑자기 물건이 늘더라도 일시적으로 수납이 가능하기 때문에 지저분해지지 않는다. 물건을 이동하거나 넣고 꺼낼 때에도 뭔가를 치우거나 옮기지 않고도 원활하게 일을 진행할 수 있다. 한마디로 불필요한 동작이 줄어든다.

'물건의 제자리를 정하라'라는 수납법이 자주 언급되는데, 모든 물건에 자리를 정해두고 완벽하게 수납하게 되면 아이들이 꺼내거나 제자리에 돌려놓을 때 부담을 느끼기도 한다. 정리를 잘 못하는 사람(나 역시 그렇다)이 수납 무한 반복을 피하기 위해서도 '일단 넣고 보는' '임시로 피난시킬 수 있는' 공간은 중요하다고 생각한다.

여백을 만들기 위해서는 수납공간을 재검토하는 것이 효과적이다. 벽장의 경우 옷을 꺼낼 때마다 옷가지의 양이나 수납 상자 속을 일일이 확인하면 '물건이 이렇게 많이 있다니!'라는 생각을 하게 돼서 옷의 가짓수를 생각하는 계기를 만든다. 그리고 가장 빠지기 쉬운 함정은 여백이 생긴 '직후'다. 인간의 근원적인 욕구 때문인지 빈 공간을 보면 자꾸 뭔가를 채워 넣고자 하는데 그때는 꾹 참아야 한다. 나도 한때 TV장식장에 북유럽 소품을 두었지만 지금은 아무것도 없다. 가구 자체의 아름다움을 즐기려 하고 있다.

수납공간에 여백이 있으면 바람이 드나들어서 수납 전체의 환기성도 좋아진다. 곰팡이가 생기는 걸 방지할 수도 있고 옷을 비롯해 생활 도구를 보관하는 데 쾌적한 환경을 만들 수 있다. 옷과 물건 관리에 적합한 원칙이다.

여백으로 습기 퇴치

벽장은 통풍을 신경 써야 하는 공간. 물건이 한곳에 모여 있으면 바람이 잘 통하지 않아서 곰팡이가 생기기 쉽다. 여백을 만들면 물건을 위생적으로 보관할 수 있다.

채워 넣고 싶어도 참자!

아이들 참고서나 학용품도 얼마든 늘릴 수 있지만 여백을 유지하려고 애쓴다. 한번 여백에 빠지면 '비워두지 않고는 못 배기는' 체질이 된다.(웃음)

RULE 2
'오픈 & 클로즈'
-보이고 × 감추는 수납

우리 집에서는 '감추는 수납'이 원칙이다. 모든 문은 닫아두고 캐비닛 등 수납 용품은 눈에 보이지 않게 한다. 내용물을 가리기 위해 여러모로 신경을 쓴다. 이렇게 하면 조금씩 내용물이 어질러져 있어도 괜찮다. 흐트러진 부분이 눈에 들어오면 아이들에게 자연스레 '얼른 치워'라는 말이 나오기 때문이다. 가급적 잔소리를 하지 않고 간섭하지 않는 미니멀 라이프를 실천하기 위해서는 '시각적으로 깔끔하게 보이는 것'보다 '본인이 관리하는 것'이 가장 중요하다. 밖에 물건을 꺼내놓으면 꺼내놓은 상태가 당연해진다. 썼으면 제자리에. 물건의 집(물건의 제자리)에 완벽하게 돌려놓지 않아도 벽장(수납)이라는 마을로 돌려보내면 OK!

한편으로 문 안쪽으로는 모두 '보이는 수납'을 하려고 노력한다. 겉으로 보이는 모습이 아니라 가족들이 '알기 쉽게' 하는 것이 제일 원칙이다.
아이들 시선으로 바라보았을 때 '그 물건은 저기 들어 있지' 하고 파악할 수 있는 시스템이 가장 좋다. 그렇게 하면 물건을 찾느라 시간을 허비하는 일도 준다.

'보이는 수납'의 포인트는 물건을 가능한 '그 상태 그대로 두는 것'이다. 어떻게 해도 너저분해 보이는 물건, 정리하고 싶은 물건은 가급적 내용물이 보이는 투명한 수납 상자에 넣어두면 편리하다. 우리 집에서는 '스무 살이 되면 독립해!'라는 말을 자주 하는데, 가족 개개인이 물건이 어디 있는지를 파악하는 것도 그 일환이라고 생각한다. 만일 내가 내일 당장 사라진다 해도 아이들이 평소처럼 생활할 수 있을까. 그런 시점에서 수납을 다시 살펴보는 것도 좋은 방법이다.

'보이는 수납'으로 물건을 잃어버리는 일이 줄다

아들은 '보이는 수납'으로 교재를 정리한다. 투명한 클리어케이스에 과목별로 담아 옷장 안에 넣는다. 문을 닫으면 보이지 않아서 안성맞춤. 아들과 상의해 시스템을 고안한 결과, 물건을 잃어버리는 일도 줄었다.

Zoom up!

다이소에서 구입한 클리어 케이스에 교과서를 과목별로 넣어 한 세트를 만들었다. 안에 든 내용물이 잘 보이니 찾아 헤맬 일이 없다.

'매일 쓰는 물건'은 라벨링으로 알아보기 쉽게

딸의 옷장 속. 수납 상자에 라벨링을 해서 '보이는 수납'을 했다. 평소에 사용하는 물건에만 라벨을 붙이고 그 밖의 물건은 그대로 두고 한눈에 알아볼 수 있게끔 수납.

RULE 3
수납이 늘면 물건도 늘어난다

수납장이 늘면 물건은 늘어나기 마련.
수납장이 남아돌면 그곳에 물건을 채워 넣고자 하는 게 사람의 마음이다. 열심히 정리정돈을 해서 캐비닛에 넣어두었던 물건을 처분했다 하더라도 결과적으로 수납장이 늘어나면(=나타나면) 그 안에 넣을 것을 다시 사게 된다. 그러니 그 함정에 빠지지 않도록 주의해야 한다.

현재 내가 사는 집은 붙박이장이 얼마 없어서 처음 이사 왔을 때에는 물건을 어떻게 수납해야 할지 골머리를 앓았다.
지금 가지고 있는 물건을 수납하고 관리하려면 어떻게 해야 할까. 하지만 이러한 제약이 오히려 '물건을 줄이는 계기'가 되었다. 수납 공간이 부족한 집에 살거나 혹은 이사 예정이 있다면 그때가 바로 미니멀 라이프를 시작하기에 둘도 없는 기회일지 모른다.
수납공간에 한계가 있다면 물건을 줄일 수밖에 없다. 수납공간이 많으면 거기에 물건이 꽉 들어찰 때까지 점점 물건을 사들이기 쉽다. 때문에 큼직한 옷장이나 벽장이 있는 집은 각별히 주의해야 한다. 물건을 줄이고 싶다면 수납공간이 많지 않은 집을 택해야 한다. 남편의 전근으로 이사를 반복한 끝에 얻은 결론이다.

때문에 물건을 줄이고 싶을 때 가장 처음으로 할 일은 물건이 아니라 우선 '수납공간'을 줄이는 것이다. 둘 공간이 없으니 버려야 해! 그렇게 자신을 궁지로 몰아넣으면 어느 샌가 주변에 있던 물건들이 깔끔하게 정리된다.

공간이 있으면 채우고자 하는 게 인지상정. 본능을 거스르기란 어려운 일이니 일단은 '수납공간' 자체를 늘리지 말자. 집을 선택할 때 수납공간을 따지는 것도 이제 그만~.

RULE 4
수납의 밖은 '베이지', 안은 '화이트'
—보고 싶은 수납이 될 수 있게 연출

수납 용품은 컬러를 제한하는 게 원칙이다.

구체적으로 옷장이나 벽장 안은 '화이트' 컬러로만 구성한다. 화이트 컬러는 바라만 봐도 아름다운 빛깔. 단순한 자기만족이지만 집안일을 하던 손을 잠시 멈추고 이불과 시트, 베개 커버까지 모두 화이트로 통일된 벽장을 바라보며 황홀한 기분에 빠진다. 남들이 보기에 조금 특이한 사람이라고 생각할지도 모른다.
밖에서 보이는 수납 용품은 '베이지' 톤으로 통일한다. 가구는 원목 소재가 많아서 인테리어와 조화를 이룰 수 있도록 나무 빛깔을 골랐다. TV장식장, 캐비닛, 바구니 등이 그 예로, 모두 베이지 컬러다. 상자 하나까지 모두 컬러를 통일하려고 한다.

밖은 우드, 안은 화이트. 이렇게 통일하면 옷장이나 벽장이 감추는 공간이 되지 않는다. 수납공간이 더 보고 싶고, 더 열어보고 싶은 두근거리는 곳이 되면 소중히 관리해야겠다는 마음이 저절로 생긴다. 정기적으로 다시 훑어보게 되거나 꼼꼼히 관리하게 되기 때문에 결과적으로는 아름다운 상태를 유지할 수 있다.(물론 그 반대의 경우도 있을 수 있다)
수납, 하면 '기능'이나 '양'에만 주목하게 되는데 그것만으로는 즐겁지 않다. 일상적으로 하는 일이기 때문에 소소한 즐거움을 소중히 해야 한다고 생각한다. 봐서 즐거운 수납은 몇 번이고 보게 된다. 하지만 보기 싫은 수납은 아예 보려 하지 않기 때문에 무엇을 넣었는지조차 잊게 된다.
'계속 보고 싶다!' 이 효과는 생각보다 크다.

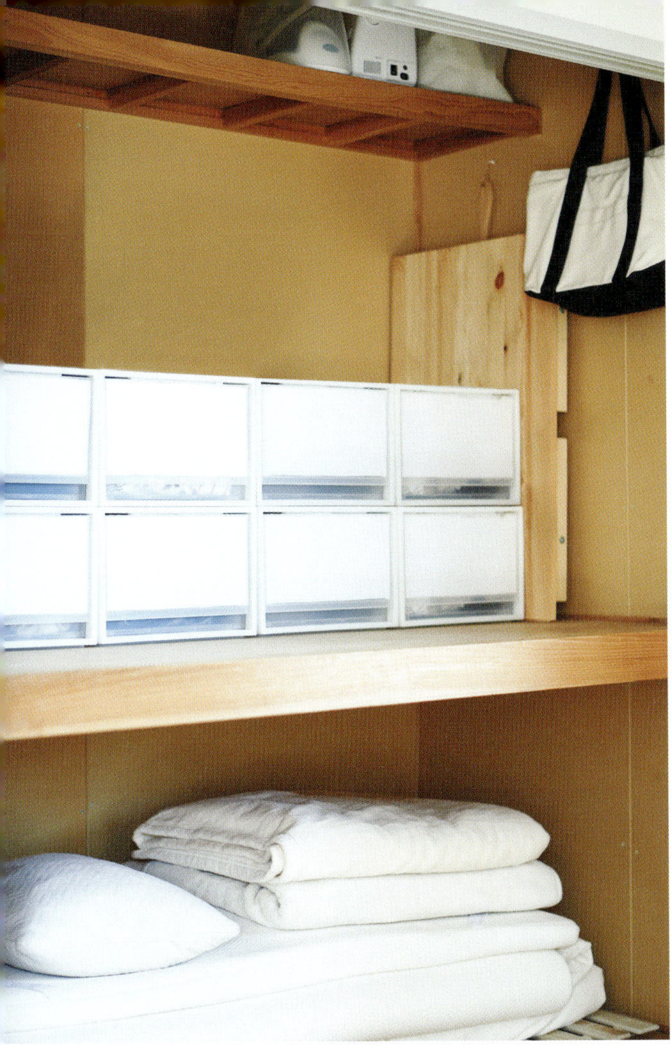

화이트로 통일된 벽장 속 공간

옷가지는 무인양품의 수납 케이스에 넣어 둔다. 각각 내용물에 따라 사이즈는 다르지만 같은 제품군으로 맞춰서 통일감이 있는 게 장점.

컬러가 있는 건 화이트로 감춘다!

벽장을 열었을 때 하얀 공간으로 연출하고 싶어서 어두운 색 가방은 화이트 컬러의 소프트 박스에 담았다.

눈에 보이는 수납장은 베이지 컬러로

TV장식장 안에 목제 소재의 수납 박스를 넣었더니 처음부터 한 세트인 것처럼 조화를 이룬다. 티슈 상자도 비슷한 소재를 선택.

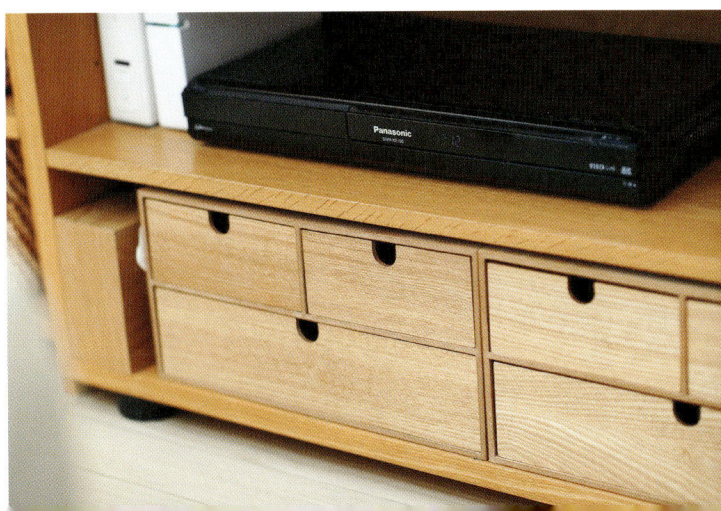

RULE 5
쓰지 않을 때는 수납한다

물건은 쓸 때 꺼내고 쓰지 않을 때는 넣어둔다. 장소에 상관없이 통용되는 우리 집의 수납 원칙이다. 처음에는 '매번 그렇게 꺼내 쓰려면 귀찮지 않을까?' 하는 걱정도 했지만 실제로 실천해보니 전혀 번거롭지 않았다. 오히려 습관이 되니 티슈 상자가 책상 위에 있는 것조차 불편하게 느껴졌다.
내가 이 원칙을 실천하게 된 계기는 좁은 주방 때문이었다. 일반적으로 사용하기 편리한 주방 수납이라고 하면, 조리 도구를 손닿는 위치에 둔다든지 가전제품을 쭉 늘어놓는 것을 상상한다.(나도 과거에는 그랬다)
하지만 주방은 원래 음식을 하는 곳이다. 책상과 마찬가지로 그때 사용하지 않는 물건이 꺼내져 있으면 작업에 방해가 된다.
실제로 작은 작업대 위에 밥솥이나 토스트기가 나와 있으면 음식을 완성했을 때 놓을 자리가 없어서 불편하다. 또한 조금만 청소를 소홀히 해도 금세 먼지가 쌓여서 스트레스가 이만저만이 아니다.
이런저런 시행착오를 겪는 동안 귀차니스트인 나는 기본적으로 모두 안 보이는 곳으로 넣어버리는 게 편하다는 사실을 깨달았다.
유혹에 약한 나에게 인터넷 서핑은 강적이다.
아, 이 블로그 재미있다. 아, 이 옷 귀엽다. 그렇게 하나둘 정신이 팔려서 한없이 시간을 낭비하는데 그런 유혹을 의지의 힘으로 떨쳐내는 건 거의 불가능에 가깝다.
때문에 컴퓨터는 블로그를 업데이트할 때와 메일을 확인할 때만 켜고, 아침저녁 30분으로 제한했다. 스마트폰도 없다. '사방팔방'이 아니라 '지금 여기'에 집중하는 것이 바로 미니멀 라이프다. 눈앞에는 지금 하는 일, 지금 생각해야 할 일만으로 충분하다.

전기밥솥은
주방 수납장 안에

전기밥솥은 밥을 할 때만 쓰는 물건이라 항시 꺼내놓을 필요는 없다. 그래서 주방 수납장 제일 아래에 넣어놓고 음식을 만들 때 방해가 되지 않게 한다.

티슈 상자는
TV장식장 안에

티슈 상자는 집에서 이리저리 떠돌기 쉬운 물건이라 이렇게 위치를 정해놓는 게 좋다. 습관이 들면 가족 모두가 사용한 다음에는 제자리에 돌려놓게 된다.

컴퓨터는 벽장 안에

컴퓨터는 시간을 잡아먹는 도둑! 인터넷을 하다 보면 시간이 훌쩍 지나기 일쑤라 사용할 때만 꺼낸다. 보이는 곳에 있으면 금방 손이 가게 되니까 보이지 않는 곳에 감춰놓는 게 중요.

RULE 6
물건을 버리기 전에 '생각'한다

'미니멀리스트입니다'라고 자기소개를 하면 '물건을 어떻게 버리나요?'라는 질문을 받을 때가 많다.

하지만 나는 정리벽이 있는 사람은 아니다. 미니멀리스트 중에서도 '버리는' 일에는 꽤 신중한 편이라고 생각한다. 남편의 전근이 잦았기 때문에 이사할 때마다 물건을 잔뜩 내다 버릴 수밖에 없었던 힘든 경험을 겪으면서 '사지 않는다', '소유하지 않는다'는 의식을 하게 되었다.

나는 꽤 감정적인 성격이라 가끔씩 정리하고 싶다!는 충동이 밀려올 때가 있다. 하지만 그럴 때면 반복적인 일상(청소기를 돌리거나 바닥을 닦거나 현관을 청소하는 일 등)으로 돌아가 냉정해지려 한다.

안 좋은 일 때문에 의욕이 떨어질 때, 반대로 기쁜 일이 생겨서 감정이 고조될 때, 두 경우 모두 냉정한 판단을 내리기 어려운 때라 시간이 지나 돌아보면 그때 왜 그렇게 했을까, 하고 후회하는 경우가 무척 많았기 때문이다.

현재 전업주부인 내가 쓰는 돈은 직접 번 게 아니다. 때문에 물건을 살 때, 그리고 버릴 때 신중하게 판단을 내려야 한다. 쓸데없는 물건을 사는 건 돈을 버리는 짓이나 마찬가지다. 사놓고 쓰지 않아서 버리는 것도 마찬가지다. 때문에 무리해서 버리지 않는다.

step 1   버릴까……
     ▶ step 2   보류한다
        ▶ step 3   버린다(방출한다) or 역시 버릴 수 없다

이러한 3단계를 거쳐 버리려고 한다.

Step 1
버릴까……

선물 받은 상품권으로 멋진 벽시계를 샀다. 하지만…… 침실에 걸었더니 째깍째깍 소리가 여간 신경 쓰이는 게 아니다. 멀티룸에 옮겨 걸었더니 화이트 일색의 공간에 블랙 컬러가 도드라져 보였다.

Step 2
보류한다

다시 멀티룸 옷장 속으로. 여백 공간에 두고 당분간 보류하기로 했다. 냉각기간을 갖기로 함.

Step 3
버린다

시간을 두고 냉정하게 생각한 끝에 나눔을 하거나 버려야겠다고 결심. 소품을 좋아하는 친구에게 주거나 인터넷 중고장터에 올리기로 함.

RULE 7
'들쑥날쑥'은 사절

같은 아이템, 같은 가구를 놓더라도 약간의 차이를 주면 집을 아름답게 꾸밀 수 있다.
컬러 수, 이것이 모든 것의 기본이지만 더욱 간단하면서도 당장 실천에 옮길 수 있는 팁은 바로 '사이즈를 맞추는' 것이다.
소재나 디자인이 다소 다르더라도 겉보기에 들쑥날쑥하지 않게 가지런히 맞추기만 해도 아름다운 수납이 완성된다.

이때 유용하게 쓸 수 있는 게 바로 무인양품의 수납 용품이다. 무인양품의 수납 용품이나 가구는 규격이 통일되어 있어서 폭이나 길이를 일부러 맞추지 않아도 감쪽같이 들어맞는다.
수납 용품을 가구에 넣기만 했는데도 깔끔하고 질서정연하게 공간을 연출할 수 있다.
쉽게 조합할 수 있는 데다 규격과 사이즈를 알아두면 다른 가구와도 맞추기 쉬워서 편리하다.
예를 들면, 예전에 딸아이 옷장 안에 두고 쓰던 수납 용품을 주방 유닛 선반에 놓는 것도 가능하다. 가구도 수납 용품도 규격이 통일되어 있기 때문에 집 안 어디에나 위치를 옮겨서 사용할 수 있다.

이건 수납 프로들을 위한 팁인데, 가구의 '높이'를 다르게 해서 '분류'하는 방법도 있다.
우리 집 벽장은 남편과 내 물건을 높이로 구분한다.
사진 왼쪽의 '높은' 수납 케이스는 남편의 것이고, 오른쪽의 '낮은' 수납 케이스는 내 것이다.
이렇게 하면 한눈에 구분할 수 있어서 라벨링을 할 필요도 없다.

무인양품의 수납 용품은 소재가 달라도 사이즈 통일

왼쪽부터, 각형 바스켓 M(37×26×16cm), 라탄 바스켓 M(36×26×16cm), 클로젯 케이스 서랍식(26×37×17.5cm). 이렇게 나란히 놓으면 세 개 다 폭과 길이가 얼추 비슷해서 자리를 바꿔 넣을 수 있다.

거실에도!

거실의 수납 캐비닛에도 쏙 들어간다. 옆으로 넣어도 딱 맞는다.

주방에도!

주방의 유닛 선반에 넣어두었던 각형 바스켓. 옆으로 넣으면 선반에 쏙 들어간다.

Point!

'높이'로 누구의 물건인지 분류

라벨링은 편리하지만 미적인 면에서는 미니멀리스트의 적. 높이에 따라 분류하면 '직관적'으로 알아볼 수 있어서 아이들의 물건을 나누는 데도 좋다.

Column 3

미니멀리스트의 가방과 지갑

가방과 지갑 속에 무엇이 들어 있는지를 보면 그 사람의 라이프 스타일을 알 수 있다. 과거에는 '포인트 3배 적립'에 낚였던 내 지갑이 슬림해진 비법을 공개한다.

지갑에는 5천 엔뿐

다이소에서 구입한 300엔짜리 지갑. '지갑도 미니멀하게'라는 생각에 시험 삼아 샀는데 쓰기도 편하고 주위 사람들의 평까지 좋아서 무척 마음에 든다. 이 지갑의 수명이 다하면 가죽 공예를 하는 친구에게 부탁해 똑같이 만들고 싶을 만큼 좋아한다. 지갑에는 면허증, 라쿠텐 카드, 은행 카드 두 장(가족용과 개인용), 그리고 현금 5천 엔과 100엔짜리 동전뿐.

가방 안에는 물건 다섯 개만

가방에는 지갑, 휴대전화, 티슈, 껌 그리고 에코백. 내용물은 몇 개 안 되지만 큰 가방을 좋아한다. 아이들과 외출할 때면 짐이 늘기 때문에 큰 가방이 활용도가 높다. 이 캔버스 토트백은 사이즈는 물론 지퍼가 달린 점이 마음에 든다. 요즘 세상에 나 같은 사람은 드물겠지만 전화와 문자만 보낼 수 있으면 충분해서 2G폰을 쓴다. 외출해서는 바깥에서의 시간을 즐기고 싶다. 모바일 메신저나 SNS에 구애받고 싶지 않아서 단순한 기능만 있는 예전 폰을 유지하고 있다.

'그때그때 구입'하면
가계에 여유가 생긴다

옛날에는 지갑에 늘 3만 엔쯤을 넣고 다니다가 다 쓰면 은행에 가서 인출을 했다. 그런데도 어느 샌가 금세 돈을 다 써버리는 일이 자주 있어서 대체 어디다 돈을 쓰는 걸까? 하고 속상해하고는 했다. 지금은

- 일주일 예산은 2만 엔
- 지갑에 현금은 5천 엔뿐

이 두 가지 원칙을 세웠다.
무엇을 샀는지 파악하기 쉽고 현금은 5천 엔뿐이라 포기하자는 마음이 드니 충동구매를 막는 브레이크 역할도 해준다. 지갑에 동전이 늘어나면 100엔 동전만 남기고 나머지 잔돈은 집에 있는 저금통에 넣고 꽉 차면 모금을 한다.
100엔짜리 동전만 남겨놓는 이유, 그것은 바로 100엔 동전과 5천 엔 지폐는 지출을 파악하기 쉽기 때문이다. 장을 한 번만 보면 잔돈이 얼마 생기지 않는다. 하지만 잔돈이 많이 생기는 날은 '오늘은 돈이 많이 움직였구나' 하고 알아차리게 된다.

미니멀 라이프를 실천한 후로 이른바 '가계 꾸리기'에 애를 먹는 일이 줄었다. 개인적으로 쓰는 돈은 책과 카페에서 마시는 커피 값 정도. 나머지는 식재료, 아이들 학용품과 생필품. 지출 내역이 간략해서 가계부를 쓰지 않고도 관리할 수 있게 되었다.

비축분을 두지 않음으로써 필요 없는 물건을 사는 지출을 최대한 줄이고 있다. 필요한 것은 그때마다 구입하기 때문에 집에 있는 물건을 소모하는 페이스를 구체적으로 파악하게 되었다.
이를테면 일체형 샴푸와 린스는 2주에 하나를 산다. 소모품은 리필 용기에 담아서 남은 양을 한눈에 알 수 있게 한다. 또한 투명한 용기를 쓰면 앞으로 얼마나 남았는지 쉽게 알 수 있다.
눈에 보이는 양을 파악할 수 있으니 어렵게 계산할 필요가 없다. 필요한 물건을 필요한 만큼만 보유하는 게 가능해지니 돈을 써서 쓸데없이 많은 양을 구입한 뒤에 수납공간을 차지하게 되는 사태를 방지할 수 있다.

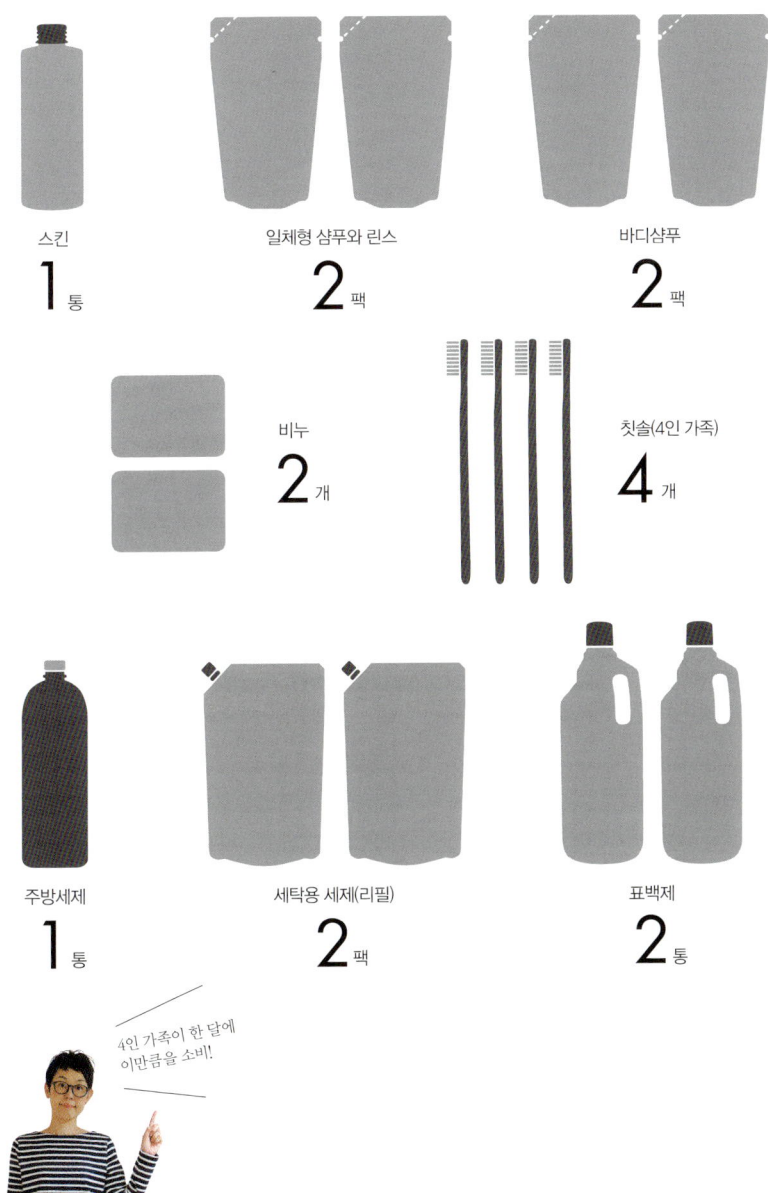

봄여름 아이템

Chapter 4
'무인양품'으로 돌려 입는 미니멀 옷장

화이트 계열 상의를 유니폼처럼 입는 '봄여름 아이템'.
거기에 아우터를 추가해 일곱 가지 아이템으로 돌려 입는 '가을겨울 아이템'.
가지고 있는 옷이 얼마 안 돼서 이런저런 시도를 하는 재미가 있다.
최소한의 물건으로 최소한의 옷장을 채운다.
옷이 얼마 없으니 수납도 편하다.

가을겨울 아이템

'유니폼 코디'로
나만의 스타일을 연출하다

옷의 종류와 컬러를 최대한 줄여서 최소화한 이유는 이렇다.
바쁜 아침 시간에 날마다 어떤 옷을 입을지 고민하느라 지쳤다. 종류가 많으면 매일 골라서 입어야 하니 그만큼 손이 많이 간다. 실제로 좋아해서 자주 입는 옷은 한두 벌 뿐이다. 그래서 가짓수를 줄여 마음에 드는 옷만 입기로 했다.
대신 옷은 질 좋고 고급스러워 보이는 것을 고른다. 차림새는 그 사람을 반영하기 때문. 나를 잘 아는 사람이라면 어떤 옷을 입어도 상관없겠지만, 그 자리에 어울리지 않는 복장은 그것만으로 나쁜 평판을 초래한다. 남들이 겉모습만 보고 자신을 안 좋게 판단하는 건 그다지 달가운 일이 아니기 때문에 옷차림 하나로 손해를 보기는 싫다. 미니멀 라이프 = 가난해 보이는 인상을 주지 않기 위해 항상 신경을 쓰고 있다.
가짓수를 줄이면 당연히 입거나 세탁하는 빈도수도 는다. 제대로 관리하지 않으면 금세 입지 못하게 된다. 따라서 관리하는 데 다소 품이 들더라도 오래 입고 싶은 옷을 고른다. 솔직히 애착 없는 물건은 귀찮아서 관리도 소홀하게 된다. 단추가 떨어졌네, 유행에 뒤쳐졌네, 갖가지 이유를 들어 결국 버리게 된다.
또한 옷을 유니폼처럼 입으면 옷 한 벌을 자주 입게 되기 때문에 한 철이 지나면 떠나보낸다. 그다음 철에도 입어야지 하고 보관하면 수납공간을 차지하게 되거니와 반년 동안 잘 보관했다 해도 나중에 꺼내보면 어쩐지 좀처럼 손이 가지 않아 안 입게 되기도 한다. 결국 버리는 아이템을 위해 수납공간을 확보해두는 건 쓸데없는 짓이다. 그렇다면 한 철 동안 열심히 입고 '여백'을 만들어두는 게 좋지 않을까.

'유니폼 코디'라니 너무 재미없는 발상인가……, 그런 고민을 한 시기도 있었지만 실제로 시작해보니 그 반대라는 사실을 깨달았다. 옷을 최소한으로 줄일수록 입는 사람의 개성이 더욱 드러나게 된다. 그 사람의 유니폼이 되는 셈이니 사람들도 좀 더 잘 기억하게 된다. 개인적으로는 '스트라이프 하면 나'를 떠올려줬으면 하는 바람이랄까.

미니멀리스트라면 놓칠 수 없는
'무인양품' 베스트 웨어 5

여러 번의 시행착오를 겪은 후 깐깐하게 고른 미니멀리스트를 위한 베스트 웨어. 아무렇게나 빨아도 되고 건조도 쉬워야 한다. 관리의 수월성도 선택 기준 중 하나.

best were 1
화이트 셔츠

미니멀리스트 선배로 모시는, 세계 여러 나라를 여행한 친구는 '화이트 셔츠만 있으면 어느 나라에서든 내 이야기를 들어줬다'고 한다. 아닌 게 아니라 화이트 셔츠는 입는 것만으로 단정한 이미지를 연출한다. 단추만 잠가도 차려입은 듯 보여서 처음 만난 사람에게도 호감을 줄 수 있다. 화이트 셔츠는 활용도가 높은 유용한 아이템이다. 여름에는 겉옷으로도 입을 수 있고, 니트나 스트라이프 티셔츠 안에도 받쳐 입을 수 있다. 화이트 셔츠 하나면 다양한 코디가 가능한 그야말로 미니멀한 아이템이다.

best were 2
스트라이프 티셔츠

예전부터 좋아한 스트라이프는 팬츠와 스커트를 가리지 않고 코디하기가 쉽다. 또한 베이직한 복장에서 포인트가 되는 든든한 아이템이다. 특히 무인양품의 스트라이프 티셔츠는 소재가 좋아서 잘 늘어나지 않으며 여러 번 빨아도 형태가 틀어지지 않는 훌륭한 제품이다. 최근에는 가을겨울용으로 스트라이프 티셔츠를 선택하는 일이 많아서 네이비나 블랙 등 시크한 컬러를 구입한다.

best were 3
후드 집업

어디에 걸쳐도 어울리는 후드 집업은 '가을겨울의 화이트 셔츠' 같은 착한 아이템이라 할 수 있다. 후드 집업의 포인트는 그레이나 네이비가 아니라 '화이트' 컬러를 선택하는 것. 무인양품의 후드 집업은 진한 화이트가 아니라 아이보리 컬러라 다른 무인양품 아이템과 잘 어울려 자주 입는다.

best were 4
치노 팬츠

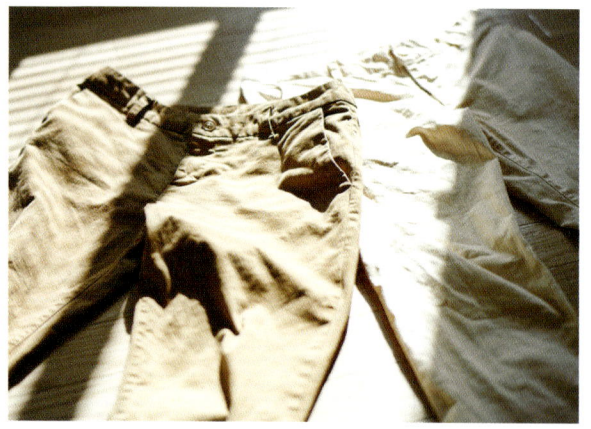

치노 팬츠는 무인양품의 보이프렌드 팬츠. 자주 입던 베이지 컬러에 얼룩이 묻어서 화이트 컬러를 추가로 구입했다. 치노 팬츠의 좋은 점은 어떤 자리에나 잘 어울린다는 것. 캐주얼하게도, 포멀하게도 입을 수 있다. 학부모 모임이나 학교 행사에 갈 때 입어도 전혀 손색이 없다. 옷으로 사람을 평가하는 이들도 적잖이 있기 때문에 단정한 느낌을 주는 옷을 고르는 것도 중요하다고 생각한다.

best were 5
원피스

작년 가을겨울에 시도한 '원피스 네 벌로 돌려 입기'. 이 미니멀한 코디가 실은 가장 편했다는 사실! 그 후로 원피스는 나의 필수품이 되었다. 원피스 선택의 포인트는 A라인, 무릎 길이, 베이직 컬러. 하체 보정 효과도 있고 심플해서 코디 활용도 높다. 양말, 레깅스, 스타킹, 가방 등 소품을 더해 다양한 스타일로 연출할 수 있다는 점도 원피스의 장점. 강렬한 무늬나 특이한 디자인은 한 번 입었을 때 인상에 강하게 남지만, 심플한 원피스는 그런 걱정이 없어서 작은 소품으로 인상을 바꿀 수 있다. 다양한 팁을 활용해 패션을 즐길 수 있는 아이템.

스타일을 한층 더 살려주는 아이템

심플하고 깔끔한 무인양품의 옷에는 약간 개성이 들어간 소품이 어울린다.
스타일을 한층 더 돋보이게 하는 아이템을 소개한다.

포인트 컬러가 되는 가방이 하나 있으면 좋다

미니멀 코디에서 중요한 건 컬러 수를 줄이는 것. 내 옷장에는 블랙 앤 화이트 등 베이직한 컬러가 많아서 레드 컬러의 가방은 포인트를 주기에 딱 좋다. 가방은 하나만 든다는 게 원칙이지만, 고운 빛깔의 가방을 하나 더 추가하니 스타일링을 하는 게 더욱 즐거워졌다.

안경으로 기분 전환

액세서리에는 별로 관심이 없는 편이지만 안경은 좋아해서 여러 개를 소장하고 있다. 안경테의 프레임이나 컬러에 따라 인상이 바뀌기 때문에 날마다 어느 것을 쓸지 고르는 재미가 있다. 화장보다 더 간편하게 기분을 전환할 수 있는 아이템.

긴 초커로
신경을 안 쓴 듯 연출

친구가 선물해준 초커 목걸이. 가느다란 스웨이드 줄에 여러 개의 펜던트를 끼워 넣은 목걸이는 심플한 코디에 포인트가 되어준다. 화이트 셔츠 원피스 등 기장이 긴 옷과 매치하면 균형 있는 코디로 완성.

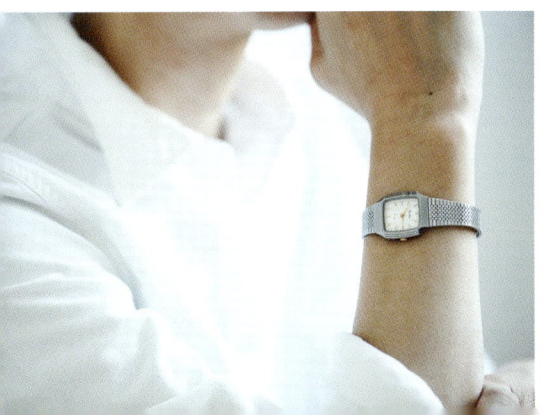

시계를 액세서리처럼 착용

시계는 손목에 착용하는 액세서리라 생각하고 즐겨 한다. 예전에는 휴대전화로 시간을 확인했지만, 그때마다 가방에서 꺼내는 게 번거로워서 시계를 사기로 했다. 스타일과 실용성을 겸비한 아이템.

철저 해부, '적은 아이템으로 돌려 입기'

블로그에서도 인기 있는 '적은 아이템으로 돌려 입기' 레슨. 봄여름과 가을겨울로 나눠서 스타일링 비법을 공개한다.

봄여름 5 Days!!

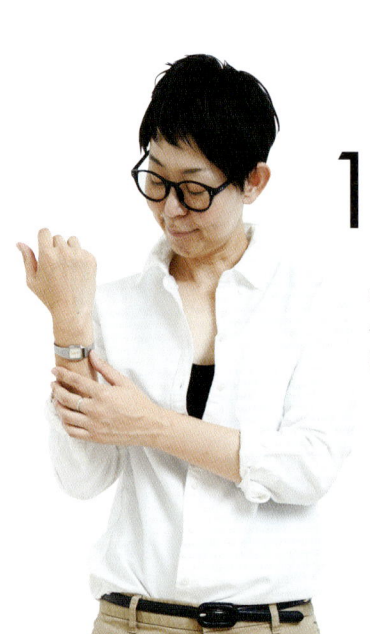

1 Day

여밈 셔츠처럼 연출해 신선하지만 단정한 스타일로

item list
- 화이트 셔츠
- 화이트 셔츠 원피스
- 스트라이프 티셔츠
- 데님 팬츠
- 치노 팬츠

Point!
셔츠 단추를 오픈해 팬츠에 넣어 입으면 마치 여밈 셔츠인 듯 연출할 수 있다. 아랫단을 살짝 팬츠 안으로 넣으면 여성스러운 코디 완성.

단추만 잠갔는데도 이미지 변신!

셔츠 단추를 끝까지 다 잠그면 톰보이 스타일로 변신. 단추 하나로 분위기가 달라진다.

2 Day

**셔츠만 걸치면
완성되는
초여름의 일상 코디**

Point! 적당히 루즈한 핏의 보이프렌드 데님을 자주 입는다. 화이트 셔츠와 함께 입으면 단정한 느낌으로 연출. 단추를 몇 개 풀어서 캐주얼한 느낌으로 코디한다.

3 Day

**리넨 원피스
+치노 팬츠로
릴렉스한 분위기**

Point! 적당하게 비치는 원피스에 블랙 컬러 이너를 선택. 보이프렌드 핏의 치노 팬츠는 편안한 느낌이 좋다. 셔츠 깃을 세우면 세련된 인상으로 변신.

4 Day

**무늬 있는 옷을
입고 싶을 때는
스트라이프 티셔츠로
기분 전환**

Point! 여름에는 기본적으로 화이트 컬러로 통일. 하지만 가끔은 무늬 있는 옷이 입고 싶을 때도 있다. 그럴 때는 딸아이의 스트라이프 티셔츠를 빌려 입는다. 슬림핏이라 루즈한 치노 팬츠와도 잘 어울린다.

5 Day

**멘즈 사이즈로
더욱 캐주얼하게**

Point! 워낙에 루즈핏을 좋아해서 남자들이 입는 티셔츠를 고를 때도 있다. 팬츠는 밑단을 롤업해서 입는다. 청소나 빨래할 때 편하게 활동할 수 있는 코디.

가을겨울 7 Days!!

item list
- 트렌치 코트
- 화이트 셔츠
- 아이보리 후드 집업
- 스트라이프 티셔츠
- 스트라이프 원피스
- 치노 팬츠 (베이지)
- 치노 팬츠 (화이트)

1 Day

셔츠가 살짝 보이는
레이어드 스타일

화이트 셔츠는
레이어드하기에도 편리!

Point!
서로 잘 어울리는 화이트 셔츠와 스트라이프 티셔츠를 자주 입는다. 셔츠를 강조하기 위해 소매를 한 번 접었다. 밑위가 짧은 팬츠로 여성스러움을 강조. 화이트 치노 팬츠는 롤업해서 입었다.

2 Day

후드 집업과 팬츠를 롤업해서 편안하면서도 스타일리시하게

Point!
후드 집업은 소매를 살짝 걷어 7부로 입는다. 치노 팬츠도 발목까지 롤업해 깔끔하게 코디. 같은 화이트 계열이지만 아이보리 컬러의 후드 집업과 화이트 셔츠 조합으로 살짝 톤이 다르게 매치하는 것이 포인트.

3 Day

무심한 듯 쓱 걸쳐 입은 편안한 코디

Point!
스트라이프 티셔츠에 치노 팬츠를 매치해 심플하게 연출했다. 발목 아래 길이의 치노 팬츠가 단정해 보인다.

4 Day

베이직 코디도 화이트 아이템으로 캐주얼한 느낌을 최소화

Point!
3Day의 베이직한 코디에 후드 집업과 슬립온을 추가했다. 치노 팬츠는 발목까지 롤업해 편안한 느낌으로 연출했다.

5 Day

레드 컬러로 포인트를 줘서 스트라이프 원피스를 사랑스럽게

Point!
캐주얼한 느낌의 보더 원피스에 강렬한 레드 컬러를 추가해 드레시하게 입었다. 스타킹과 가방의 컬러를 같은 계열로 맞춰 통일감을 주었다.

6 Day

트렌치 코트 + 화이트 컬러로
깔끔한 느낌을

Point!
일자핏의 트렌치 코트는 캐주얼하게도 여성스럽게도 연출 가능하다. 트렌치 코트의 단정한 느낌에 맞춰 화이트 셔츠 이너와 블랙 슈즈로 깔끔하게 마무리.

7 Day

네이비 + 화이트 코디로
세련된 걸리시 캐주얼

Point!
허벅지 콤플렉스 때문에 원피스는 늘 A라인과 무릎 길이를 사수. 모노톤의 코디지만 화이트 컬러로 산뜻한 느낌을 더했다.

아우터와 슈즈로
이미지 변신

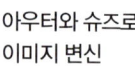
여성스럽게 변신

Point!
트렌치 코트와 블랙 슈즈로 시크하게 연출했다. 검은 스타킹과 슈즈로 다리가 길어 보이는 효과까지.

아이들도 '적은 아이템으로 돌려 입기'

아이들이 직접 고른 옷들.
언제부터인지 화려한 컬러에서 심플한 컬러로 바뀌었다.
아이들 코디도 살짝 공개.

딸의 옷장

줄 곧 화려한 패턴을 즐겨 입던 딸아이가 작년 여름부터 스트라이프 원피스만 입는 걸 보고 올해부터 유니폼으로 정했다. 네이비, 블루, 화이트, 레드…… 같은 스트라이프라도 컬러에 따라 이미지가 달라서 골라 입는 재미가 있는 모양이다.

무지 아이템이 편리!

아들의 옷장

가족 중 미니멀리스트 최유력 후보인 아들은 미니멀 코디도 이제 익숙해진 듯하다. 요즘에는 유니클로의 상의와 하의를 즐겨 입는데, 대체로 다크 컬러의 무지 아이템으로 코디. 아들 녀석이 말하길, 상의와 하의, 각각 네 벌이면 충분하다고.

미니멀리스트의
옷장 수납법

워낙 가지고 있는 옷이 얼마 안 되다 보니 옷장을 정리하는 데는 크게 애를 먹지 않았다. 옷장 안에 있는 옷걸이에 계절마다 입는 옷을 걸어두면 무엇이 어디에 있는지 한눈에 파악할 수 있어서 꺼내 입기도 쉽다.

옷을 걸 때는 오른쪽에서부터 하의 – 상의 순서로 건다. 길이가 긴 옷부터 순서대로 걸면 깔끔하게 '하의 파트', '상의 파트'로 아이템을 구분할 수 있다.

벽장 안에는 전부 열한 개의 수납 케이스가 있다. 그중 남편 것이 아홉 개, 내 것이 한 개, 나머지는 비워두었다. 옷은 옷걸이에 걸기 때문에 수납 케이스에는 속옷과 양말을 넣어둔다. 빈 수납 케이스는 외출할 때 가방에 넣어 갈 아이템을 넣어두거나 갑자기 늘어난 물건을 일시적으로 보관하는 공간으로 사용한다. 옷장에도 여백의 공간이 있으면 수납에 도움이 된다는 사실.

이렇게 벽장에 걸린 옷을 적당히 골라 매치하더라도 누구를 만나도 부끄럽지 않은 패션 스타일을 완성할 수 있다.

아이가 아파서 아침 일찍 병원에 가야 한다. 그런 상황에 처하는 일도 종종 있는데 그런 때야말로 옷장의 미니멀화, 그리고 한눈에 들어오는 옷장 수납이 빛을 발한다.

물건은 잘 관리해 오래도록 쓴다

물건이 적으면 그만큼 빨리 소모된다. 오래도록 깨끗하게 쓰기 위해서는 관리가 필수.
흰 옷, 색깔 있는 옷, 신발, 가방 등 아이템별로 정기적으로 관리한다.
집에 있는 도구면 충분하니 한번 시도해보기를.

흰 옷 관리법

흰 옷을 유니폼으로 입기 때문에 아이템도 많고 사용 빈도수도 높다. 얼룩에 약한 화이트 아이템은 표백제를 이용해 삶아 관리한다.

준비물
- 액체세제
- 표백제

step 1

냄비에 물을 충분히 붓고 액체세제와 표백제를 적당량 넣은 후 빨래를 넣는다.

step 2

끓는 물에 푹 삶는다. 얼룩이 신경 쓰일 때는 삶는 시간을 늘린다.

step 3

하얀 거품은 표백이 되고 있다는 신호. 넘치지 않도록 젓가락으로 저어준다.

step 4

20~30분 삶은 후 물을 버리고 손으로 짠 후 세탁기로 탈수한다. 이때 화상을 입지 않도록 주의하자.

step 5

탈수가 끝나면 넌다. 흰색은 빛을 받으면 변색이 되므로 삶는 게 중요하다. 세탁기만으로는 빠지지 않는 얼룩까지 깨끗해진다.

색깔 옷은 이렇게!

목 주변에 묻은 파운데이션 등 부분적인 얼룩이 신경 쓰이면 물에 적셔서 비누로 빤다. 반복해서 세탁기로 빨면 옷을 오래 입지 못한다.

직접 만든 원피스는 스스로 수선한다. 뜯어지기 쉬운 부분은 재봉틀로 수선.

물건을 오래 쓰면 비용 대비 효과를 극대화할 수 있어요!

신발 관리법

거의 매일 신고 다니는 신발은 가장 빨리 닳는 아이템. 얼룩도 심하지만 제대로 관리하면 그만큼 오래 신을 수 있다.

준비물
- 마른 수건
- 구두약(무광)
- 깔창

step 1

외출을 했다 돌아오면 마른 천으로 구두 표면에 묻은 얼룩을 닦는다. 흙이 많이 묻었을 때는 젖은 수건을 이용.

step 2

구두약을 발라 수건으로 잘 문지른다.
반짝거리는 걸 좋아하는 사람은 유광 구두약을 선택.

step 3

깔창은 더러워지면 교체. 신발 안에 종이를 넣어 본을 뜬 뒤에 자기 발에 맞춰 자른다.

가방 관리법

평소에 하나의 가방만 들어서 쓰지 않을 때 관리는 필수.
바닥에 그냥 놓으면 구김이 생기기 때문에 벽에 걸어서 모양을 잡는다.

step 1

외출했다 돌아오면 손수건이나 지갑 등 소지품을 전부 꺼낸다. 꺼낸 물건은 옷장 속 수납 케이스에 넣어둔다.

step 2

벽이나 옷장 안에 걸어둔다. 캔버스백이 많아서 벽에 걸면 구겨지는 걸 방지할 수 있다. 더러워지면 세탁.

Column 4

뚝딱 맛있게 만드는 미니멀 식탁

음식 솜씨가 좋은 편은 아니지만 간단하면서도
영양소가 골고루 들어간 음식을 만들려고 한다.
남편은 빵을 직접 구울 만큼 요리를 좋아해서 휴일에는 남편에게 맡긴다.
'자립'이라는 명목하에 아이들의 도움도 많이 받고 있다.

아이들도 쉽게 만들 수 있는 그라탱

아이들은 열여덟 살이 되면 독립시킬 생각이다. 그래서 청소나 정리는 물론 전반적인 집안일을 손에 익도록 가르치고 있다. 평일에는 내가 저녁 준비를 하지만 매주 금요일에는 아이들에게 맡긴다. 그라탱, 카레, 돈가스, 스크램블 에그. 이 정도가 현재 만들 줄 아는 메뉴. 대단한 요리는 아니더라도 직접 만들어보는 게 중요하다. 일주일에 한 번 아이들이 주방에 서는 모습을 지켜보며 어떤 요리가 나올지 기대한다.

쉽고! 맛있고! 저렴한!
닭고기양배추볶음

눈 깜짝할 사이에 만들 수 있다고 해도 과언이 아닌 우리 집 단골 메뉴, 닭고기양배추볶음. 원래는 남편이 자취 생활을 할 때 자주 만들어 먹던 음식으로 양배추를 썰어 닭고기와 함께 볶은 뒤에 소금과 후추로 간을 하면 끝! 양배추는 살짝만 볶아서 아삭거리는 식감을 살리는 게 포인트. 만들기도 쉽고 맛도 담백하다. 아이들도 만들 수 있을 정도로 간단해서 식탁에 자주 올려도 싫증 내지 않고 맛있게 먹는다.

Chapter 5

왜 '이 물건'을 골랐을까?
미니멀리스트의 물건 선택법

자칫하면 미니멀 라이프를 위협할 수 있는 행위, 쇼핑.
이번 챕터에서는 내가 조금씩 몸에 익힌,
스트레스를 받지 않고 물건과 좋은 관계를 맺는
미니멀한 라이프 스타일을 소개하려고 한다.
쭉 읽다 보면 무인양품을 좋아할 수밖에 없는 이유를
자연스레 이해하게 될지 모른다.

歯みがき
TOOTH PASTE

○

물건을 좋아하는
미니멀리스트의
최소한의 물건 선택법

물건을 좋아하는 나는 지금까지의 쇼핑 과정에서 수많은 실패를 거듭했다. '배송료 무료'라는 미끼에 낚여 인터넷 쇼핑몰에서 물건을 샀지만 막상 받아보면 제대로 쓸 만한 물건이 적었다. 예뻐서 샀지만 결국은 질려서 처분한 물건이며 반성할 점이 한두 가지가 아니다.

'물건을 사면 안 되나요?'라는 질문을 자주 받는데 그렇지 않다. 나 자신은 충동적으로 사고 싶은 게 아니라, 오랫동안 간직하고 싶은 물건은 사도 좋다는 판단을 내린다. 실제로 전기포트 같은 물건은 두세 달 동안 계속해서 갖고 싶다는 생각이 들었기 때문에 결국 구입했다. 그리고 싫증 내는 법 없이 2년 이상 잘 쓰고 있다.

물건을 살 때 가장 중요한 점은 실제 사용 여부다. 당연한 말이겠지만 사기 전에 그 점을 충분히 고려하면 충동구매나 스트레스 해소용 구매를 피할 수 있다.
충동구매를 피하기 위해 나는 이 두 가지 방법을 항상 실천한다.

1. 화이트보드에 살 물건을 적어놓는다.
2. 여기저기 둘러보지 않고 바로 매장으로 간다.

예전에는 100엔샵에 가서 이걸 사야지, 하고 생각하고 집을 나섰다가 윈도쇼핑을 하는 동안에 저도 모르게 1만 엔짜리 원피스를 사 들고 온 적도 있었다. 쇼핑 리스트를 적지 않고 머릿속에 담아두고 있었기 때문에 100엔으로 끝났어야 할 쇼핑이 1만 엔의 지출로 껑충 뛰고는 했다.

또 하나, 집에 있는 물건의 총량은 바뀌지 않더라도 '버린다 — 다시 산다 — 버린다'의 반복에 유의해야 한다. 구입한 물건을 충동적으로 버리고 싶은 것은 스트레스가 쌓였다는 증거. '버리고 싶은' 충동을 그대로 두면 이번에는 정반대 방향으로 튀어 스트레스성 지출로 이어진다. 이 악순환이 반복되는 한 일시적으로는 물건이 적은 생활을 누릴 수 있겠지만 그런 생활은 오래 지속되지 않는다.

물건 선택법 1

시선을 사로잡는
디자인의 물건을 구입하라

물건은 적게, 하지만 내 마음에 쏙 드는 것을 오래 쓰고 싶다. 그러한 라이프 스타일을 위해 고집하는 원칙은 바로 내가 봤을 때 '좋다', '기분 좋아진다'라는 생각이 들게 하는 디자인의 물건을 구입하는 것이다. 블로거 화법으로 말하자면 그것 하나만 사진에 담아도 그럴싸한 그림이 완성되는 물건 말이다.

나에게는 거실에 있는 의자가 바로 그런 물건이다. 평소에는 테이블과 세트지만 떼어내서 따로 두면 물건의 표정이 바뀌는 게 느껴진다. 방에 홀로 놓인 그 모습이 형언할 수 없이 근사하다. 예를 들면 청소를 할 때, 디딤대로 사용하기 위해 다른 방으로 가져가 작업을 시작하려고 눈을 돌렸을 때 의자가 있다. 그 사실만으로 집안일에 대한 의욕이 솟아난다.

또 하나, 거실에서 쓰는 무인양품의 고타쓰 테이블도 나에게는 '시선을 사로잡는' 아이템이다. 일반적인 고타쓰처럼 투박하지 않은 세련된 디자인으로, 팔자 형태의 긴 다리가 특징이다. 북유럽 가구 같은 디자인이 참으로 근사하다.

물건 선택법 2
가격에 구애받지 않는다

지금 쓰고 있는 지갑은 다이소에서 구입한 300엔짜리 물건이다. 원래는 돈을 모으려면 작은 지갑을 써야겠다는 생각에 시험 삼아 산 것인데, 실제로 써보니 무척 편해서 계속해서 들고 다닌다. 뭐든지 실험을 먼저, 라는 생각을 가진 나에게 다이소 같은 저렴한 물건을 파는 매장은 '테스트용'을 구매하기에 둘도 없는 곳이다.

최근에는 저렴한 물건을 마구 사들이지 않고 비싸도 좋은 물건을 하나 사서 오랫동안 애용하자는 이야기를 자주 듣는다. 하지만 나는 물건을 오래도록 쓰는 데 가격이 그리 중요한 요소는 아니라고 생각한다.

비싼 물건을 사더라도 제대로 관리하지 않으면 결국은 버리게 된다. 실제로 사용하는 사람이 그 물건을 소중히 하지 않으면 가격이 비싸든 싸든 오랫동안 애용할 수가 없다. 그렇게 생각하면 정말 물건의 '가치'와 '가격'은 상관이 없다는 사실을 실감하게 된다.

10년 동안 같은 옷을 입어도 항상 고급스럽고 멋스러운 사람이 있다. 그것은 그 옷이 비싸서가 아니라 그 옷을 입은 사람이 어떻게 대응하는지에 따라 달라진다. 때문에 나는 물건을 고를 때 가격에 구애받지 않는다.

물건 선택법 3
목적 있는 소비

물건을 버릴 때면 가슴이 찢어진다. 가격이 비싼 만큼 고통이 크고, 결국은 스트레스로 이어지기 때문에 쓸데없이 물건을 사지도, 버리지도 않으려 애쓰고 있다.
그래서 물건을 사러 가기 전에는 '무엇을' '어떤 용도로' 사용할지 오랫동안 생각한다.
과거에 있었던 실패 사례 하나. 오랫동안 위시리스트에 있다가 결국 구입하게 된 찻주전자가 있다. 하지만 막상 실제로 사용해보니 여간 관리하기 힘든 게 아니었다. 게다가 온 가족이 마실 수 있을 만큼 차를 우릴 수도 없었다. 하는 수 없이 그냥 장식품으로 두었지만 볼 때마다 아깝다는 생각이 들었다. 열정은 가득하지만 만년 벤치 신세인 후보 선수 같달까. 그런 위화감은 날로 커져가다가 결국 친구에게 보내고 말았다.
장식용 인테리어 소품으로서는 더할 나위 없었지만 찻주전자 본연의 기능을 다하지 못하는 물건은 필요 없다는 사실을 깨달았다.
이렇게 된 건 내가 그 찻주전자를 어떤 용도로 사용할 것인지에 대해 생각하지 않았기 때문이다. 그때 일을 깊이 반성하며 지금은 가구를 살 일이 생기면 무인양품의 카탈로그를 꼼꼼히 살핀 뒤에 물건을 고른다. 쇼핑을 나가면 원래 사려고 했던 물건이 있는 곳으로 바로 가서 구입한 다음 다른 물건에는 눈길도 주지 않는다. 이렇게 하면 불필요한 소비를 줄일 수 있고, 결과적으로 물건을 버리는 일도 적어진다.

물건 선택 기준 4
반복해 관리한다

물건을 좋아하는 미니멀리스트로서 물건을 고를 때 직접 관리할 수 있는지 그 여부도 무척 중요한 기준이다. 값비싼 물건을 사더라도 망가지거나 때가 탔을 때 고쳐 쓸 수 없다면 '비싼 돈을 주고 샀는데……' 하는 마음에 스트레스만 쌓이고 물건은 결국 버리게 되기 때문이다.

구체적으로 옷은 면이나 리넨, 가방과 신발은 가죽, 가구는 오일 스테인이 가능한 것을 추천한다.

아이들이 있는 집은 금방 더러워진다. 좋아하는 테이블에 커피를 쏟았을 때, 직접 케어할 수 있는 가구라면 '그럴 수도 있지'로 끝난다. 하지만 스스로 관리하기 어려운 가구일 경우에는 컵이 살짝만 움직여도 가슴을 졸이며 스트레스를 받을 것이다.(인테리어를 좋아하는 사람으로서 나 역시 그럴 테니까) 가족들도 편하게 쓸 수 있다는 게 관리 가능한 가구의 큰 장점이다.

또한 관리가 가능한 가구를 구입했다면 주기적으로 손질하는 습관을 들이는 것도 중요하다. 이를테면 신발. 얼룩이 빠지지 않아서 전문점에 맡겨야 한다면 그동안 대신 신을 신발이 필요해진다. 평소에 손질하는 습관을 들이지 않으면 쓸데없는 물건이 늘어나게 된다.

물건 선택법 5
기능도 미니멀

나는 가전제품에도 많은 기능을 바라지 않는다. '건강 지킴이 모드로 고기 굽기 기능'이나 '찰진 밥 짓기 기능' 같은 건 내 생활에서는 필요 없기 때문이다. 기능이 많아지면 당연히 고장도 잘 나게 마련이다. 때문에 가급적 기능이 단순한 것을 구입하려 한다.

70년대의 가전제품을 떠올려보자. 옛날에는 지금처럼 복잡한 기능은 찾아보기 힘들었다. 전기밥솥으로 '밥을 짓고', 토스터기로 '빵을 굽고', 선풍기는 '송풍', 최소한의 필요한 기능만 있으면 만족했다.

하지만 요즘은 대다수의 가전제품 회사들이 '얼마나 많은 기능을 탑재하고 있는가'를 앞다퉈 경쟁하는 시대다. 유감이지만 미니멀한 기능의 제품을 찾기가 더 어려운 현실이다. 따라서 결과적으로 가전제품도 무인양품에서 구입하는 일이 많아졌다. 무인양품의 가전제품은 많은 기능을 넣지 않으며 '사용의 편의성'에 초점을 맞춰서 만들고 있다고 한다. 때문에 조작이 간단하고 사용하기 쉬운 제품이 많다.

올 봄부터 쓰고 있는 'SWEEPLUS' 청소기도 기능이 단순해서 마음에 쏙 든다. 우리 집은 아이들이 자기 방은 알아서 청소하기 때문에 전자제품을 험하게 다루다 금방 고장을 내는 일이 많다. 때문에 단순한 기능에 가격도 저렴한 'SWEEPLUS' 청소기가 마음에 든다.

'미니멀리스트가 꼼꼼하게 고른
'무인양품' 인생 아이템 베스트 10

집에 있는 무인양품 제품 중에서 특히 애착이 가는 제품 10가지를 모아봤다.
심플한 디자인, 다양성 등 미니멀리스트 시점에서 선택했으니 참고하기를.

1위

18-8 와이어 바스켓

세탁실에서 요긴하게 사용하는 와이어 바스켓은 스테인리스 제품이라 튼튼하다. 물에 닿아도 쉽게 녹슬지 않아서 오랫동안 쓸 수 있다는 장점도 있다. 손잡이를 안으로 넣으면 겹쳐 쌓을 수도 있다. 디자인도 깔끔해서 물건을 넣지 않아도 멋지다.

18-8 와이어 바스켓 5 37×26×24cm / 가격 미정

2위

라탄 직사각형 바스켓

집에 있는 수납 바구니 중 가장 튼튼한 제품이라 거실, 세탁실 등 다양한 곳에서 활용. 몇 년을 써도 닳거나 망가지지 않아서 오랫동안 애용하는 아이템.

라탄 직사각형 바스켓 M 36×26×16cm / 가격 미정

3위

치약

어딘가 있을 법한데 막상 찾으면 없는 하얀 패키지의 치약. 드럭스토어에서 파는 치약은 모두 요란한 포장 일색이라 이런 깔끔한 치약을 찾아 오랫동안 헤맸다. 컬러를 맞추니 화장실이 더욱 깔끔해 보이고 기분까지 상쾌하다. 순한 사용감과 청량한 느낌의 박하가 들어 있어 가족 모두가 잘 쓰는 제품.

치약 120g / 가격 미정

4위

사각형 행거

빨래를 널 때 집게가 쉽게 엉키지 않고, 집게가 망가져도 따로 구입할 수 있어서 편리하다. 튼튼한 스테인리스 제품이라 오랫동안 활용할 수 있는 아이템.

올 스테인리스 사각형 행거 L
56.5×35.5cm 집게 28개 / 가격 미정

본차이나 식기

무인양품에서 '매일 쓰는 그릇'이라는 콘셉트로 편의성을 추구해 만든 제품. 제품 콘셉트대로 질리지 않는 디자인과 다양한 사이즈가 매력적이다. 세트로 구입했기 때문에 여러 개를 겹쳐 놓으면 좁은 공간에 수납이 가능하다. 아름다운 광택도 매력적.

본차이나 플레이트 20×2.5cm / 가격 미정

청소용품 세트

매일 하는 청소에 빠뜨릴 수 없는 용품들. 매일 쓰는 것들이라 기능을 중시한다. 전용 폴을 함께 구입하면 용도에 맞춰 호환할 수 있어서 쓰임새가 많다. 청소용품은 저도 모르게 늘어나기 때문에 세트로 구입하면 미니멀한 수납도 가능.

빗자루 22×3×23cm / 5,900원
브러시 15×7×20cm / 4,900원
핸디 자루걸레 42cm / 9,900원

우레탄폼 3중 스펀지

나일론과 폴리우레탄폼 등 3중으로 구성되어 그릇에 따라 바꿔 쓸 수 있다. 스펀지도 보통 화려한 색이 많고 하얀색은 찾아보기 힘들다. 주방의 경관을 해치지 않는 점이 좋다.

우레탄폼 3중 스펀지 6×12×3.5cm / 가격 미정

벤치 S

본래의 용도대로 의자는 물론, 소품 선반으로 사용할 수도 있고 어디에 놓아도 아름다운 인테리어 소품으로 활용 가능하다. 우리 집은 거실에서는 전화 받침대, 세탁실에서는 세탁용 바스켓 받침대로 쓰고 있다.

벤치 S 떡갈나무 천연목 / 139,000원

민감피부용 화장수 산뜻한 타입

대용량인데도 가격이 무척 저렴해서 피부에 물을 적시듯 펑펑 사용한다. 스킨케어는 기본적으로 이것으로만 하기 때문에 아끼지 않고 쓸 수 있어서 좋다. 벌써 5년 이상 사용하는 제품.

민감피부용 화장수 산뜻한 타입 400ml / 19,000원

페이스 타월

가볍고 잘 말라서 세탁하기 편하다. 이렇게 쓰기 편한 아이템은 필수품. 얇고 질긴 소재라 얼굴에 닿는 감촉마저도 좋다.

인도 오가닉 코튼 페이스 타월 오프화이트 34×85cm / 10,900원

우리 집 '무인양품' 대공개!

집안 이곳저곳에서 활약하는 무인양품 아이템.
인테리어부터 수납용품까지, 이 물건들만으로 살고 있다.

거실 Living room

수납 캐비닛 162.5×39.5×45cm
기본 세트 내추럴 / 439,000원

와이드암 소파 본체 2.5인용(깃털포켓코일쿠션)
190×87.5×75cm / 699,000원

벤치 S / 139,000원

인도 오가닉 코튼 쿠션 커버
아이보리 43×43cm
/ 가격 미정

라탄 직사각형 바스켓
36×26×16cm / 가격 미정

와이드암 소파 커버 2.5인용
베이지 면 평직 / 239,000원

안방 Room

각형 바스켓용 뚜껑
26×18.5×2cm / 가격 미정

각형 바스켓
26×18.5×12cm / 가격 미정

폴리에스테르
슬라브보일 플리츠 커튼
OFF WHITE
100×190cm / 가격 미정

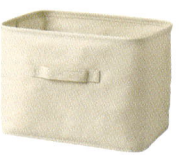

소프트 박스 장방형 M
37×26×26cm / 13,000원

아날로그 시계 L
WHITE / 79,000원

좌식의자 L용 커버
RAW WHITE / 38,900원

좌식의자 L / 76,000원

아이 방 Kids room

연필깎이 L / 10,900원

아크릴 안경 액세서리 케이스
6.7×17.5×25cm
/ 가격 미정

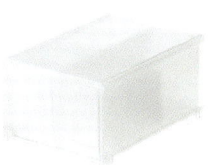
클로젯 케이스 서랍식
깊은형 2개 26×37×17.5cm
/ 가격 미정

클로젯 케이스 서랍식
깊은형 26×37×17.5cm
/ 가격 미정

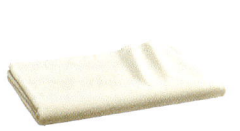
타월 모포 S 베이지
140×200cm / 69,000원

이불 커버 S 에크루
150×210cm / 52,000원

베개 커버 에크루
43×63cm / 9,000원

아크릴 스탠드
26.8×21×16cm / 가격 미정

수납 케이스 서랍식
34×44.5×24cm / 가격 미정

폴리프로필렌 케이스 서랍식
14×37×17.5cm / 가격 미정

스토커 4단 캐스터 부착
18×40×83cm
/ 49,000원

아크릴 티슈 박스
/ 가격 미정

수납 캐비닛 목제도어 좌우 세트
NATURAL / 99,000원

로우 접이식 테이블
80×50×35cm / 89,000원

수납 캐비닛 기본 세트 NATURAL
82.5×395×45cm / 269,000원

주방 Kitchen

각형 바스켓 M
37×26×16cm / 가격 미정

스테인리스 유닛 선반
58×41×83cm / 가격 미정

수납 캐비닛 하이 타입 기본 세트
82.5×39.5×85cm / 569,000원

수납 캐비닛 하이 타입 목제도어
좌우세트 내추럴 / 139,000원

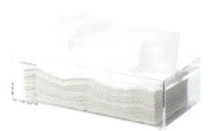
아크릴 티슈 박스
/ 가격 미정

뚜껑 선택 더스트 박스(30L) / 가격 미정
더스트 박스 뚜껑 / 가격 미정

스펀지
6×12×3.5cm / 가격 미정

행주 12pcs 세트
40×40cm / 8,000원

용기 리필용 250ml
/ 4,900원

용기 리필용 거품 타입 250ml
/ 6,600원

오븐 토스터 1000W
MJ-OT 10A / 가격 미정

가스버너 / 가격 미정

트레이 각형
40.5×30.5×2cm / 38,000원

본차이나 플레이트
20×2.5cm / 가격 미정

본차이나 플레이트
23×3cm / 가격 미정

본차이나 플레이트
26×3cm / 가격 미정

본차이나 그릇 14×4.5cm
/ 가격 미정

자기 포트 450ml
/ 30,000원

백자 머그컵 350ml
/ 10,900원

아무것도 없는 방 Multipurpose room

펄프 보드 박스 캐스터 부착
76×29×64cm / 가격 미정

소프트 박스 L
35×35×32cm / 17,000원

아날로그 시계 L
화이트 / 79,000원

수납 케이스 L
34×44.5×24cm / 가격 미정

세탁실 & 욕실 Laundry & Bathroom

라탄 바스켓 장방형 M
36×26×16cm / 가격 미정

소프트 박스 장방형 S 1/2
18.5×26×16cm / 11,000원

18-8 와이어 바스켓 5
37×26×24cm / 가격 미정

입욕제 바스솔트용
리필 용기 / 가격 미정

치약 120g
/ 가격 미정

민감피부용 화장수
산뜻한 타입 400ml
/ 19,000원

칫솔 플랫 타입 4색 세트
/ 가격 미정

로션 시트
압축 타입 (20개)
/ 8,000원

컵 M
6.5×10.5cm
/ 8,800원

원터치 용기 리필 400ml
/ 3,600원

인도 오가닉 코튼 페이스타월
오프화이트 34×85cm / 10,900원

듀얼팬 마이너스 이온
헤어드라이어 / 가격 미정

벤치 S
/ 139,000원

문의 폭주! 오래 쓰고 싶은 물건

무인양품 이외의 브랜드에서 물건을 구입할 때는 기능미가 돋보이는 심플한 제품을 선택. 블로그에 문의가 폭주했던 생활용품을 소개한다.

조명과 시계가 좋다

물건을 좋아하는 미니멀리스트인 내가 특히 좋아하는 것은 조명과 시계. 이케아의 조명은 너무 과하지 않게 '여기 있다'는 존재감을 발산해서 좋다. 시계는 좋아하는 디자이너인 후카자와 나오토 씨가 감수한 제품. 지나치게 샤프하지 않은 부드러운 느낌이라 가족의 휴식 공간인 거실에 잘 어울린다.

100엔 손톱깎이 세트

손톱깎이와 발톱깎이, 족집게는 다이소에서 구입. 아이들과 자주 가는 곳에서 우연히 발견하고 샀다. 손톱깎이 본연의 기능에 충실한 군더더기 없는 디자인과 불필요한 기능을 배제시킨 간결함. 다이소의 상품은 대부분 요란스럽지만 가끔 이런 미니멀한 디자인을 발견하면 기쁜 마음에 나도 모르게 사게 된다.

2,980엔짜리 램프 셰이드

처음에는 식탁에 검은색 램프 셰이드를 달았다. 하지만 블랙은 남성적이고 자기주장이 강하다고 판단, 지나치게 개성이 넘치는 물건은 금방 질리기 때문에 화이트로 바꿨다. 화이트는 너무 밋밋하지 않을까? 그렇게 생각했지만 원목 가구 그리고 하얀 벽과 너무나 조화를 잘 이루었다. 집에 찾아오는 손님들이 어느 브랜드의 조명이냐고 묻는데, 니토리(일본의 대형 인테리어 체인)에서 2,980엔에 구입한 제품이다. 물건이 적으면 저렴한 물건도 고가의 브랜드 물건처럼 고급스러워 보이는 모양이다. 의도치는 않았지만 바람직한 효과라고 할까.

세탁물을 넣어두는 장바구니

첫눈에 반해 구입한 장바구니. 내구성 좋은 대나무 소재라 처음에는 책을 넣어 TV장식장의 빈 공간에 올려두었다. 하지만 어쩐지 너저분해 보이는 것 같아서 여러 곳을 전전한 끝에 현재는 세탁물을 잠시 담아두는 용도로 사용 중. 책을 담아두는 바구니로는 썩 어울리지 않았지만 결국 제자리를 찾은 것. 세탁한 옷가지는 바로 개는 게 좋지만 그러지 못하는 상황도 종종 발생한다. 그럴 때는 이 바구니에 넣어 일단 방을 깔끔하게 치운다. 빨래가 어수선하게 널려 있으면 기분까지 우울해지는데 바구니에 넣으니 깔끔하다. 잠시 물건을 담아두는 바구니가 있으면 공간을 깔끔하게 유지할 수 있다.

플러스마이너스제로의 전기포트

가전제품 회사인 플러스마이너스제로는 좋아하는 브랜드 중 하나다. 군더더기 없는 깔끔한 디자인에 심쿵. 이 전기포트는 커피를 끓일 때 쓰려고 구입했는데 손잡이 안쪽, 잘 보이지 않는 곳에 스위치가 위치해 있는 등, 디테일한 부분에 감동했다. 기계적인 느낌을 최대한 지운 아름다운 디자인, 곡선과 직선의 절묘한 조화. 어느 각도에서 봐도 아름답다. 보기만 해도 즐거운 이 포트만큼은 선반 위에 꺼내놓는다.

드디어 발견한 칫솔꽂이

시중에서 파는 칫솔꽂이는 투박한 디자인이 대부분. 세련된 것을 찾아 헤매던 끝에 운명적으로 만난 b2c의 와이어 스탠드. 반듯한 직선 디자인 자체도 아름답지만 칫솔을 꽂으면 왠지 의연한 느낌마저 든다. 녹이 잘 슬지 않는 스테인리스 소재라 가끔씩만 닦는다. 녹이 슬까 걱정되면 녹 방지 스프레이를 뿌려 관리하면 원래대로 돌아온다. 참고로 칫솔은 같은 무인양품 제품으로 컬러만 달리해 온 가족이 쓰고 있다.

마치며

무인양품에 사랑을 담아

내가 처음으로 무인양품 매장을 찾은 게 신혼 초였으니 이제 곧 우리의 관계도 14년차에 들어선다. 2016년은 15주년이 되는 해이다.
3년 전쯤부터 가족과 함께 미니멀 라이프를 시작하면서 무인양품에서 쇼핑하는 일이 더욱더 많아졌다. 애초에 물건을 많이 사는 편이 아니거니와 반드시 사야 할 때에는 절대로 실패하고 싶지 않았다. 그럴 때 가족 모두가 입을 모아 '그럼 무지 갈래?'라고 외친다.

오랫동안 함께한 지금도 무인양품 상품에서 항상 감동과 놀라움을 느낀다.
이를테면 자기 포트. 손잡이는 뜨거운 물을 따를 때 대각선으로 손을 움직이기 쉬운 디자인으로 만들어져 있다.
딱 봐서는 알아채기 힘들지만 날마다 사용하다 보면 그런 작은 디자인을 쉽게 찾아볼 수 있다.
'우와! 무지는 달라!'
주방에서 혼자 흐뭇하게 웃는 그런 시간을 무척 사랑한다.

마니아들만 아는 이야기일지도 모르지만(웃음) 무인양품의 홈페이지에 생활양품연구소라는 페이지가 있다. 그곳에 있는 'IDEA PARK'라는 코너에 몇 번쯤 의견을 보낸 적이 있다.
얼마 뒤에 무인양품에서 답변이 온 것을 보았을 때는 마치 라디오에 보낸 엽서가 방송에 소개됐을 때처럼 쑥스럽지만 기분 좋았다.

나 같은 평범한 주부의 의견에도 귀를 기울여준다. 제품을 만들 때 고객과 함께 생각하는 작업을 무척 소중히 하는구나, 그런 생각이 들었다.
본래 제품 제작의 근간에 있는 '문제를 해결하고, 생활을 더욱 편리하게 한다'는 목적에 무척 진지한 태도로 접근한다고 생각했다.
혼자 힘으로만 되는 게 아니라 많은 사람들과 함께 제품을 만들고 있다. 그러한 자세가 나를 포함한 무인양품 팬들을 매혹시키는 게 아닐까. 그런 생각을 한다.

2016년 2월
야마구치 세이코

옮긴이 최고은

대학에서 일본사와 정치를 전공했고 대학원에서 일본 대중문화론을 공부했다. 전문 번역가로 활동하면서 『칠드런』, 『천사에게 버림받은 밤』, 『인간의 증명』, 『부러진 용골』, 『노리즈키 린타로의 모험』, 『64』, 『골든애플』 등의 작품을 우리말로 옮겼다.

무인양품으로
시작하는
미니멀 라이프

초판 1쇄 발행　2016년 8월 19일
초판 2쇄 발행　2016년 11월 19일

지은이 야마구치 세이코
옮긴이 최고은

펴낸이 정상석
편집 채혜원
디자인 page101
펴낸 곳 터닝포인트(www.diytp.com)
등록번호 2005. 2. 17 제6-738호
주소 (121-869) 서울시 마포구 동교로27길 53 지남빌딩 308호
대표 전화 (02)332-7646
팩스 (02)3142-7646
ISBN 978-89-94158-97-6　13590
정가 13,000원

이 도서의 국립중앙도서관 출판예정도서목록(CIP)은 서지정보유통지원시스템 홈페이지(http://seoji.nl.go.kr)와 국가자료공동목록시스템(http://www.nl.go.kr/kolisnet)에서 이용하실 수 있습니다.(CIP제어번호: CIP2016015994)